Comment lire l'œuvre

PETITS CLASSIQUES

LAROUSSE

Collection fondée par Félix Guirand, Agrégé des Lettres

Hernani

HUGO

drame

Édition présentée,
annotée et commentée
par
Gilles GUILLERON
Agrégé de Lettres modernes

www.petitsclassiques.com

Avant d'aborder le texte

Hernani
HUGO

© Larousse-Bordas/HER, Paris, 1999 – ISBN 2-03-871718-4

Avant d'aborder le texte

Hernani

Genre : théâtre, drame romantique en cinq actes écrit en alexandrins.

Auteur : Victor Hugo.

Sources : les sources multiples révèlent par leur diversité des influences plutôt que de véritables modèles. On peut retenir quatre influences majeures. La première est celle du théâtre du Siècle d'or espagnol et du *Romancero general*, ensemble de récits du début du XVIIe siècle, dont Hugo signale dans sa préface qu'il est « *la véritable clef* » de son drame. La seconde correspond à l'influence du théâtre shakespearien et à l'engouement pour les œuvres historiques de Walter Scott. La troisième rappelle le succès en France du drame historique de Schiller, *Les Brigands* (1781), dont *Hernani* contient de nombreuses réminiscences. La dernière souligne l'admiration de Victor Hugo pour l'univers héroïque cornélien et le style de Molière (voir la préface de l'œuvre, p. 44).

Principaux personnages : Hernani, don Carlos, don Ruy Gomez de Silva, doña Sol de Silva. Seul don Carlos est un personnage historique : il fut empereur sous le nom de Charles Quint (28 juin 1519).

Sujet : Hernani et doña Sol s'aiment, mais deux autres hommes, don Ruy Gomez, le vieil oncle de la jeune femme, et le roi don Carlos, sont amoureux de doña Sol. Hernani, proscrit et sur le point d'être arrêté, est sauvé par Ruy Gomez, qui s'est opposé au roi. Ce dernier, en représailles, enlève doña Sol. Ruy Gomez, qui a découvert l'amour des jeunes gens, propose un pacte à Hernani : ils se vengeront du roi, puis Hernani mourra. Ce dernier accepte la proposition. Malgré la grâce générale de don Carlos, devenu l'empereur Charles Quint, qui autorise le mariage de doña Sol avec Hernani, don Ruy Gomez vient réclamer le respect du pacte fatal.

Première représentation : elle eut lieu le 25 février 1830 à Paris, sur le théâtre de la Comédie-Française ; malgré l'hostilité bruyante des partisans de l'ordre classique, la pièce remporta un succès éclatant.

L'acteur J.-F. Firmin dans le rôle d'Hernani à la Comédie-Française.
Lithographie de Lecler (1830), bibliothèque de la Comédie-Française.

VICTOR HUGO
(1802-1885)

Une enfance mouvementée : 1802-1815

1802

Victor-Marie Hugo naît le 26 février 1802 à Besançon ; il est le troisième fils de Joseph Léopold Hugo, militaire républicain, et de Sophie Trébuchet. La famille se déplace beaucoup au gré des mutations du père (Marseille, Bastia, l'île d'Elbe, Paris, Italie) ; après une nouvelle affectation du colonel Hugo en Espagne, Mme Hugo s'installe avec ses enfants aux Feuillantines (mai 1809), un ancien couvent parisien, avant de rejoindre son mari à Madrid, en pleine guerre d'Espagne. Victor et son frère Eugène fréquenteront le collège des Nobles de la capitale espagnole.

1812

De retour à Paris, Léopold Hugo, devenu général d'empire, et son épouse vivent dans la mésentente ; ils entament une procédure de divorce qui aboutira en 1818. Victor Hugo et son frère Eugène entrent à la pension Cordier au début de l'année 1815 ; Victor traduit avec passion les poètes latins Virgile, Juvénal, écrit de nombreux vers et fait déjà des essais dramatiques.

Une ambition littéraire précoce : 1816-1826

1816

Hugo affirme cette ambition littéraire en écrivant en 1816 : « *Je veux être Chateaubriand ou rien* », prenant ainsi comme modèle l'écrivain qui domine la littérature française de l'époque.

Il poursuit ses études au lycée Louis-le-Grand, compose une tragédie en cinq actes, *Irtamène,* et obtient en 1817 une mention de l'Académie française pour un poème, *Bonheur que procure l'Étude.*

1818

Hugo écrit son premier roman, *Bug-Jargal,* où perce l'influence de Walter Scott, et entame sans conviction des études de droit qu'il abandonnera au début de 1821 avec le consentement de son père. D'ailleurs, une autre récompense, décernée par l'Académie des Jeux floraux de Toulouse, le convainc d'embrasser une carrière littéraire. En décembre 1819, avec ses deux frères, il fonde une revue, *Le Conservateur littéraire,* où il loue des poètes comme André Chénier, Lamartine, et cherche à nouer des contacts avec son modèle littéraire, Chateaubriand, qu'il rencontrera en mars 1820.

1822

Dès lors, son activité littéraire s'amplifie : il multiplie les textes poétiques et les articles, collabore à *La Muse française.* Proche des milieux monarchistes, il obtient une pension royale de mille deux cents francs pour les *Odes* (1822), où se mêlent des textes intimes et d'autres marqués par l'influence de Lamartine et de Chateaubriand. Les *Préfaces* qui accompagnent ce recueil (1822, 1824) signalent d'emblée l'originalité de l'œuvre à venir et l'engagement dans la voie du romantisme ; le jeune poète y définit l'essence même de son art : « *Sous le monde réel, il existe un monde idéal qui se montre resplendissant à l'œil de ceux que des méditations graves ont accoutumés à voir dans les choses plus que des choses... La poésie n'est pas dans la forme des idées mais dans les idées elles-mêmes. La poésie, c'est tout ce qu'il y a d'intime dans tout.* » Il conçoit également la fonction du poète qui « *doit marcher devant les peuples comme une lumière et leur montrer le chemin...* ».

1822 marque également un tournant important dans sa vie intime puisqu'il se marie avec son amie d'enfance, Adèle

Foucher ; le couple aura quatre enfants : Léopoldine (1824), Charles (1826), François-Victor (1828) et Adèle (1830). Ce mariage a une conséquence tragique : son frère Eugène, jaloux, sombre peu à peu dans la folie.

1824
Familier du salon littéraire que tient Charles Nodier à l'Arsenal, Hugo se lie avec les poètes Vigny, Lamartine et Musset, rencontre Balzac, Dumas, Gautier et le peintre Delacroix. Il intensifie son activité littéraire et publie notamment des œuvres romanesques *Han d'Islande* (1823) et *Bug-Jargal* (1826), des recueils poétiques, *Nouvelles Odes* (1824), *Odes et Ballades* (1826), tout en travaillant à plusieurs projets de drames.

Le chef de file du romantisme : 1827-1830

1827
Au début du mois d'avril 1827, il s'installe rue Notre-Dame-des-Champs et son vaste appartement devient vite le point de ralliement des artistes qui refusent l'académisme et cherchent à s'affranchir des contraintes traditionnelles. Aux yeux de ses jeunes écrivains, le théâtre classique, et en particulier la tragédie avec ses nombreuses règles, représente des formes d'un autre âge qu'il faut combattre. Victor Hugo s'engage dans cette lutte contre le classicisme et fait paraître, à la fin de 1827, *Cromwell,* drame historique prolixe de plus de six mille vers, remarquable surtout par sa *Préface,* véritable manifeste du romantisme en France où l'auteur énonce de nouveaux principes qui privilégient la liberté formelle, les références à la réalité et à l'Histoire. Dès lors, Victor Hugo s'impose progressivement comme le chef de file de ce courant littéraire novateur. La publication des *Orientales* (1829) lui donne l'occasion de confirmer que « *Tout est sujet ; tout relève de l'art : tout a droit de cité en poésie… Le poète est libre* » (Préface).
Parallèlement, la dimension humaniste de l'écrivain s'affirme : il assiste aux préparatifs de l'exécution d'un condamné à mort, au ferrement des forçats à Bicêtre avant leur départ pour le bagne, et dresse un réquisitoire contre la peine de mort en publiant un roman, *Le Dernier Jour d'un condamné à mort* (1829).

Auteur fécond, il occupe également le terrain dramatique avec une seconde pièce historique, *Marion de Lorme* ; mais sa représentation est interdite le 1er août par la censure de Charles X. Six mois plus tard, il réitère avec un autre drame historique, *Hernani* ; la première a lieu le 25 février 1830 à la Comédie-Française et voit l'affrontement entre les partisans des règles classiques, héritées du XVIIe siècle, et les romantiques ardents de la liberté formelle et de la novation. La préface d'*Hernani* pose avec vigueur les fondements du romantisme, tout en révélant l'évolution politique de Victor Hugo : « *Le romantisme, tant de fois mal défini, n'est à tout prendre, et c'est là sa définition réelle si l'on ne l'envisage que sous son côté militant, que le libéralisme en littérature. [...] La liberté dans l'art, la liberté dans la société, voilà le double but auquel doivent tendre d'un même pas tous les esprits conséquents et logiques.* »

Une figure littéraire de premier plan : 1831-1851

1831-1833

Si Victor Hugo réalise sur le plan littéraire ses ambitions, en revanche sa vie conjugale prend un tournant décisif qui l'affecte profondément : il découvre la liaison de sa femme Adèle avec son ami, le critique littéraire Sainte-Beuve. Néanmoins, cet événement ne ralentit pas son génie créatif : en 1831, il publie un roman historique, *Notre-Dame de Paris*, et un recueil lyrique, *Les Feuilles d'automne* ; à la fin de l'année 1832, il donne un drame, *Le roi s'amuse*, interdit dès la première représentation. Nullement découragé, il fait représenter à partir du 2 février 1833 un nouveau drame, *Lucrèce Borgia* (cette fois-ci en prose), où la comédienne Juliette Drouet joue le rôle de la princesse Negroni : c'est le début d'une liaison avec l'écrivain qui durera cinquante ans.

1833-1843

Pendant dix ans, l'activité créatrice de Victor Hugo se déploie : il publie plusieurs recueils de poésie où dominent la mélancolie, l'imagination, la méditation sur l'Histoire et la condition humaine ; il approfondit aussi sa réflexion, esquissée à ses débuts (*Nouvelles Odes*, 1824), sur la fonction édificatrice du poète :

> « *Peuples ! écoutez le poète !*
> *Écoutez le rêveur sacré !*
> *Dans votre nuit, sans lui complète,*
> *Lui seul a le front éclairé.* »
>
> *Les Rayons et les Ombres*, 1840.

Il poursuit également sa carrière de dramaturge avec deux drames en prose, *Marie Tudor* (1833) et *Angelo, tyran de Padoue* (1835), et deux drames en vers, *Ruy Blas* (1838), où Hugo mêle avec succès comique et tragique, et *Les Burgraves* (1843), dont le souffle épique ne lui évite cependant pas l'échec. Outre son activité littéraire, Hugo participe à la vie sociale et politique de son temps. Il obtient la grâce du révolutionnaire Barbès et devient au début de l'année suivante le successeur de Balzac à la présidence de la Société des Gens de lettres. Après plusieurs tentatives, il est enfin élu à l'Académie française le 7 janvier 1841. Pendant cette période, il prend également l'habitude de voyager plusieurs semaines par an avec Juliette Drouet ; c'est au retour d'un voyage en Espagne, le 9 septembre 1843, qu'il apprend par le journal *Le Siècle* la mort de sa fille Léopoldine, qui s'est noyée accidentellement quelques jours auparavant avec son mari Charles Vacquerie. Après ce terrible malheur, Hugo continue d'écrire, mais cesse toute publication, et se consacre davantage à la politique.

1844-1851

Familier de la famille d'Orléans, il est nommé pair de France et intervient à de nombreuses reprises à la Chambre haute pour dénoncer, notamment, la peine de mort et la misère sociale. Après la révolution de 1848 qui renverse Louis-Philippe, Victor Hugo devient député et s'éloigne ostensiblement de la droite. Il n'hésite pas à dénoncer les dérives du prince-président, Louis Napoléon Bonaparte, qu'il a pourtant soutenu lors de son élection. Le coup d'État du 1er décembre 1851 de ce dernier contraint l'écrivain à quitter la France ; c'est le début d'un exil de vingt ans.

*Étude de la tête de Victor Hugo
par Auguste Rodin (1840-1917).
Maison Victor Hugo, Paris.*

Le temps de l'exil : 1852-1870

1852-1862

Durant l'exil, plusieurs ouvrages majeurs paraîtront. De Bruxelles, Hugo stigmatise Napoléon III dans un pamphlet, *Napoléon le Petit* (1852) ; à peine installé à Jersey, il poursuit son œuvre militante et travaille à un recueil, *Les Châtiments* (1853), où se mêlent la violence satirique et l'exaltation épique et lyrique. Parallèlement, il poursuit la rédaction d'un autre recueil, *Les Contemplations* (1856), qu'il définit lui-même comme « *Les Mémoires d'une âme* » (Préface) et qui s'articule autour de la mort de sa fille Léopoldine.

Indésirable à Jersey, Hugo s'installe avec sa famille à Guernesey et continue d'écrire inlassablement. En 1859, il publie *La Légende des siècles*, vaste recueil où le souffle épique retrace l'aventure humaine à travers la mythologie et le merveilleux. Il reprend aussi le manuscrit des *Misères*, commencé en 1845, et qui constitue la première ébauche de son roman *Les Misérables* (1862) ; l'écrivain y dénonce la misère sociale et ses pourvoyeurs, mais propose aussi sa vision épique de l'homme et de l'Histoire. Le succès est considérable.

1863-1870

Cette importante activité littéraire ne l'empêche pas d'effectuer de nombreux voyages en Hollande, Angleterre, Belgique et Allemagne. Sur le plan familial, il vit des situations complexes et douloureuses (présence de sa maîtresse Juliette Drouet et de sa femme Adèle ; mort de son petit-fils Georges en 1867 et d'Adèle en 1868 ; folie de sa fille Adèle).

L'écroulement du Second Empire et la proclamation de la République lui permettent finalement de rentrer triomphalement en France le 5 septembre 1870.

Les derniers engagements : 1871-1885

1871-1875

Élu député de Paris le 8 février 1871, Hugo démissionne un mois plus tard pour manifester sa défiance à l'égard de la politique suivie par l'Assemblée. Son fils Charles meurt au moment où éclate la Commune ; le 26 décembre 1873, il perd son deuxième fils, François-Victor. C'est dans ce contexte qu'il compose son dernier roman, *Quatre-vingt-treize,* fruit d'une longue maturation où l'écrivain médite sur les rapports de l'homme et de l'Histoire, sur la violence de la terreur de 1793, dont la guerre franco-prussienne et les massacres de la Commune sont perçus comme autant d'échos.

1876-1885

Le 30 janvier 1876, Hugo est élu sénateur et lutte activement pour l'amnistie des communards. Si son activité créatrice diminue et cesse pratiquement à partir de 1878, cela n'empêche pas la publication régulière de nouveaux textes (*L'Art d'être grand-père*, 1877 ; *Histoire d'un crime*, 1877 ; *Les Quatre Vents de l'Esprit*, 1881). Sa popularité est immense et la population parisienne lui fait un triomphe à l'occasion de son quatre-vingtième anniversaire. Il meurt le 22 mai 1885 ; des funérailles nationales sont décrétées et c'est une foule considérable qui accompagne son cercueil de l'Arc de Triomphe au Panthéon, où l'écrivain est inhumé.

Le cadre historique

Deux périodes bien distinctes marquent le premier tiers du XIXᵉ siècle : l'Empire et la Restauration. Le XVIIIᵉ siècle et la Révolution française s'achèvent par le coup d'État de Bonaparte des 18 et 19 brumaire an VIII (9 et 10 novembre 1799) ; doté des pleins pouvoirs, le Premier Consul rétablit l'ordre et la paix auxquels aspirent les Français. Il centralise le gouvernement et l'administration, signe le concordat avec l'Église romaine et impose la paix civile. Mais cette trêve est vite rompue et, devenu empereur (1804), Napoléon plonge la France et toute l'Europe, pendant plus d'une décennie, dans des guerres incessantes.

Napoléon vaincu, la France est envahie par des troupes étrangères et les Alliés restaurent le système monarchique en redonnant le pouvoir aux Bourbons. Avec Louis XVIII, la Restauration met en place un système parlementaire fondé sur un cens très élevé qui limite considérablement le nombre des électeurs (environ quatre-vingt-dix mille), mais laisse une certaine liberté politique à la bourgeoisie d'affaires qui redécouvre la prospérité. Mais l'arrivée au pouvoir des ultras, partisans d'un retour complet à l'Ancien Régime, avec le gouvernement Villèle et le règne de Charles X (1824-1830), marque un retour du cléricalisme et de forces conservatrices qui contrôlent les différentes institutions et cherchent à limiter les libertés publiques. L'opposition libérale réagit et gagne les élections de 1830 ; le roi tente alors de suspendre le régime constitutionnel, mais le peuple parisien se soulève (les Trois Glorieuses, 27-29 juillet) et entraîne la chute des Bourbons et l'avènement de Louis-Philippe d'Orléans, candidat de la bourgeoisie libérale conduite par Thiers.

Ainsi, en trois décennies, la France a vécu une expérience unique, celle de l'Empire, que certains (comme Stendhal et Victor Hugo) assimileront à une véritable épopée, et une période de réaction, la Restauration, à l'issue de laquelle le libéralisme politique et économique s'impose. Sur le plan social, l'essor des sociétés industrielles et le développement des villes se traduisent par l'apparition massive du salariat et de la misère ouvrière.

Le cadre culturel et littéraire

La Révolution française, les guerres napoléoniennes et la Restauration ont développé deux phénomènes majeurs : l'émergence d'une conscience nationale et un goût prononcé pour l'Histoire. Ainsi, des historiens, comme Augustin Thierry, Guizot, Thiers, vont mettre en place des approches historiques, déjà amorcées par des écrivains : en France, Chateaubriand mêle l'analyse de l'Histoire et du moi, qui sera reprise par le courant romantique (*Essai sur les révolutions*, 1793-1797 ; *Les Martyrs*, 1809) ; le succès des romans historiques de l'Écossais Walter Scott (*Ivanhoé*, 1819) amplifie aussi cette vogue pour l'Histoire et des temps passés idéalisés. Mais, après le choc révolutionnaire, l'Empire confirme également la contingence étroite de l'individu et de l'Histoire, visible notamment à travers une architecture néo-classique (les arcs de triomphe) et les peintures de Louis David célébrant la gloire impériale ; la chute de Napoléon n'interrompt pas ce mouvement d'exaltation de l'individu et de son action au sein d'une communauté : il se poursuit et s'exprime notamment dans les vastes fresques épiques de peintres comme Géricault et Delacroix.

Parallèlement, les incertitudes de l'Histoire provoquent aussi un large mouvement de défiance à l'égard de la société : dans son roman *René* et son essai *Génie du christianisme* (1802), Chateaubriand pressent et analyse le « mal du siècle » qui affectera les écrivains romantiques : « *Plus les peuples avancent en civilisation, plus cet état du vague des passions augmente.* » Dans son roman *Adolphe* (1816), Benjamin Constant décrit à son tour le malaise de son époque : « *J'ai voulu peindre une des principales maladies morales de notre siècle : cette fatigue, cette incertitude, cette analyse perpé-*

*tuelle qui place une arrière-pensée à côté de tous les senti-
ments, et qui les corrompt dès la naissance.* » La chute de
Napoléon, la suprématie de l'argent dans la société de la
Restauration, l'absence de perspectives et de libertés, le recul
des valeurs héroïques, contribuent puissamment à cette crise.
Sur un mode plus lyrique, la poésie de Lamartine et de Vigny
exprimera aussi ce mal de vivre.

De ce point de vue, le courant romantique qui naît en ce
début de siècle constitue tout autant un rejet d'un modèle
politique qu'une expression et une réponse esthétiques ; il
donne la primauté à l'imagination et à la sensibilité, tout
en rejetant les dogmes et la raison classique. Mouvement
européen, il est influencé par la littérature allemande
(Goethe, Schiller) et la littérature anglaise (Byron, Keats).
En France, Mme de Staël appuie ce mouvement et définit à
la fois l'esprit romantique et les sources d'inspiration de
celui-ci dans deux essais (*De la Littérature*, 1800 ; *De
l'Allemagne*, 1813) : elle prône un cosmopolitisme littéraire, un renoncement aux règles, et encourage le choix de
sujets historiques, où se conjugueront lyrisme et action.
Réunis autour de Charles Nodier dans les salons de la
bibliothèque de l'Arsenal, puis chez Victor Hugo, tout un
groupe d'artistes (Lamartine, Stendhal, Nerval, Gautier,
Dumas, Balzac, Delacroix) adhère à ce mouvement d'opposition aux formes classiques et exprime ses points de
vue dans des revues comme *La Muse française* et *Le
Globe*, journal libéral.

C'est Stendhal qui, à la suite d'une représentation d'*Othello*,
publie ce que l'on peut considérer comme le premier manifeste du romantisme, *Racine et Shakespeare* (1823-1825) ;
dans cet essai, il défend avec vigueur les libertés du dramaturge anglais, condamne la règle des trois unités et revendique des sujets contemporains. Il donne ainsi sa définition
de la tragédie romantique : elle « ... *est écrite en prose, la
succession des événements qu'elle présente aux yeux des
spectateurs dure plusieurs mois, et ils se passent en des lieux
différents* » (voir « Outils de lecture », p. 262).

Le théâtre au début du XIXe siècle

Ainsi, le théâtre devient le genre privilégié où s'exprime la soif de liberté et de modernité. En effet, la comédie et la tragédie sont figées dans des conventions, pour la plupart héritées du XVIIe siècle ; quant au drame bourgeois, il s'éloigne considérablement du modèle défini par Diderot dans les *Entretiens sur le fils naturel* (1753) et laisse la place à une forme nouvelle qui connaît un engouement extraordinaire, le mélodrame. Celui-ci se caractérise par une grande liberté, un mélange des genres, le rejet des unités classiques et surtout un goût prononcé pour le romanesque, le pathétique outrancier, les décors et les costumes historiques ; généralement, des airs musicaux accompagnent les différentes scènes. Le dramaturge Pixérécourt (1773-1744), auteur prolifique, impose le genre avec des œuvres comme *Coelina ou l'Enfant du mystère* (1800) et *L'Homme à trois visages* (1801). Son audience diminue avec l'apparition du drame romantique, qui lui reprend plusieurs caractéristiques.

Le théâtre romantique

Après Stendhal, Victor Hugo précise d'une manière radicale les conceptions romantiques ; s'inspirant des libertés du théâtre élisabéthain et shakespearien, il publie le 5 décembre 1827 un drame en vers, *Cromwell*, accompagné d'une préface qui définit l'esthétique romantique. Tout d'abord, Hugo souligne l'ambition du drame de peindre la réalité dans toute sa diversité : « *La muse moderne [...] se mettra à faire comme la nature, à mêler dans ses créations, sans pour autant les confondre, l'ombre à la lumière, le grotesque au sublime, en d'autres termes, le corps à l'âme, la bête à l'esprit.* » Ensuite, il affirme la liberté totale dans l'art en refusant par la raillerie la contrainte aristotélicienne des unités de lieu et de temps ; il ne conserve que l'unité d'action, ou « *unité d'ensemble* », « *la seule admise de tous parce qu'elle résulte d'un fait : l'œil ni l'esprit humain ne sauraient saisir plus d'un ensemble à la fois* ». Enfin, il assigne au drame une mission édificatrice de transfiguration : « *Le théâtre est un point d'optique. Tout ce qui existe dans le monde, dans l'Histoire, dans la vie, dans l'homme, tout doit et peut s'y réfléchir, mais sous la baguette magique de l'art. »* (Voir « Genèse de l'œuvre », p. 32.)

Henri III et sa cour (1829), drame historique d'Alexandre Dumas, remporte un vif succès au Théâtre-Français, mais c'est la représentation d'*Hernani* (1830) qui marque véritablement la naissance du drame romantique : exaltation des sentiments, héroïsme, lyrisme et inspiration épique caractérisent cette œuvre. Toutefois, le mélange des genres prôné par Hugo ne s'illustre vraiment que quelques années plus tard avec son drame en vers, *Ruy Blas* (1838). D'autres écrivains enrichissent ce genre novateur : Alfred de Musset publie un drame historique en prose, *Lorenzaccio* (1834), inspiré de chroniques florentines ; Alfred de Vigny triomphe avec un drame en prose, *Chatterton* (1835), en représentant « *le martyre perpétuel* » d'un héros « *étouffé par une société matérialiste* ». Mais en 1843, la représentation des *Burgraves*, drame épique et sombre de Victor Hugo, se solde par un échec retentissant et marque la fin de l'activité dramatique de l'écrivain, mais aussi celle du genre.

Hernani dans l'œuvre hugolienne

Avec *Hernani*, Hugo met en œuvre les réflexions théoriques qu'il a développées dans la préface de *Cromwell*. Il ignore ainsi l'ancien système dramatique en supprimant l'unité de lieu : la scène se déroule à Saragosse, dans les montagnes d'Aragon, à Aix-la-Chapelle ; il rejette également l'unité de temps en développant l'intrigue sur plusieurs mois. Quant à l'unité d'action, Hugo retient davantage « *l'unité d'ensemble* » qui lui permet de mêler l'intrigue sentimentale et l'intrigue politique. En revanche, il s'éloigne quelque peu de certains principes énoncés dans la préface de *Cromwell* : la vraisemblance n'est pas toujours respectée, la vérité historique est souvent approximative et seules quelques scènes secondaires proposent un véritable mélange des tons.

En fait, avec cette œuvre dramatique, Victor Hugo révèle surtout la puissance de son style, la grande liberté de sa versification, la profonde originalité de sa pensée et de son verbe qui revendiquent un droit de regard sur son temps. Dès lors, cette dimension poétique et politique, caractéristique dominante du romantisme, orientera et animera constamment ses œuvres futures. Dans *Les Rayons et les Ombres* (1840), son dernier recueil avant l'exil, Hugo confirme la mission qu'il s'est assignée :

> « *Le poète en des jours impies*
> *Vient préparer des jours meilleurs.*
> *Il est l'homme des utopies,*
> *Les pieds ici, les yeux ailleurs.*
> *C'est lui qui sur toutes les têtes,*
> *En tout temps, pareil aux prophètes,*
> *Dans sa main, où tout peut tenir,*
> *Doit, qu'on l'insulte ou qu'on le loue,*
> *Comme une torche qu'il secoue,*
> *Faire flamboyer l'avenir.* »

VIE	ŒUVRES
1802 Naissance à Besançon.	
1809 Installation dans la maison des Feuillantines. Initiation au latin, premiers essais poétiques.	
1815 Entre à la pension Cordier ; il y poursuit ses études jusqu'à août 1818.	
1816 Il fait sa philosophie au lycée Louis-le-Grand, mais reste pensionnaire à Cordier.	**1816** *Irtamène*, tragédie en cinq actes.
1817 L'Académie française lui accorde une mention d'encouragement pour un poème. Il passe en classe de mathématiques spéciales pour préparer l'entrée à l'École polytechnique.	**1817** Poème : « Du bonheur que procure l'étude ».
1818 Ses parents, séparés depuis longtemps, divorcent. Il commence des études de droit.	**1818** Première version d'un roman, *Bug-Jargal*.
1820 Il reçoit une gratification royale pour une ode. Il rencontre Chateaubriand. **1821** Mort de sa mère.	**1820** Ode : « Sur la mort du duc de Berry ».

ÉVÉNEMENTS CULTURELS ET ARTISTIQUES	ÉVÉNEMENTS HISTORIQUES ET POLITIQUES
1802 Chateaubriand, *Génie du christianisme*.	**1802** Concordat avec le pape. **1804** Sacre de Napoléon Ier. **1805** Guerres napoléoniennes (jusqu'à 1815).
1808 Architecture : Percier et Fontaine, *Arc de triomphe du Carrousel*.	
1810 Mme de Staël, *De l'Allemagne*.	**1815** Les Cent Jours. Défaite de Waterloo. Règne de Louis XVIII (jusqu'à 1824).
1816 Benjamin Constant, *Adolphe*.	
1819 Création de la revue *Le Conservateur*. Peinture : Géricault, *Le Radeau de la Méduse*. **1820** Lamartine, *Méditations poétiques*.	

VIE	ŒUVRES
1822 Il obtient une nouvelle gratification pour la publication de ses *Odes*. Il se marie avec Adèle Foucher, une amie d'enfance. Son frère Eugène sombre dans la folie.	**1822** *Odes et Poésies diverses*.
	1823 Publication du roman *Han d'Islande*.
1824 Participation aux réunions dominicales données par Nodier à l'Arsenal. Naissance de sa fille Léopoldine.	
1825 Il assiste au sacre de Charles X.	**1825** Ode : « Sur le sacre de Charles X ».
1826 Naissance de son fils Charles.	**1826** *Odes et Ballades*.
1827 Installation rue Notre-Dame-des-Champs.	**1827** La préface de son drame *Cromwell* le confirme comme le chef de file du mouvement romantique.
1828 Mort de son père.	**1828** Représentation et échec du drame *Amy Robsart*.
	1829 Poésie, *Les Orientales*. Roman, *Dernier jour d'un condamné*.
1830 Naissance de sa fille Adèle.	**1830** Son drame historique *Hernani* provoque une bataille entre les classiques et les modernes.
	1831 Poésie : *Les Feuilles d'automne*.
	1832 Roman historique : *Notre-Dame de Paris*.
1833 Il se brouille avec Sainte-Beuve, amant platonique de sa femme. La comédienne Juliette Drouet devient sa maîtresse.	**1833** Drame historique : *Lucrèce Borgia*.
	1834 Roman : *Claude Gueux*.

ÉVÉNEMENTS CULTURELS ET ARTISTIQUES	ÉVÉNEMENTS HISTORIQUES ET POLITIQUES
1822 Vigny, *Moïse*. Champollion déchiffre les hiéroglyphes.	**1822** Lois sur la liberté individuelle et de la presse.
	1824 Début du règne de Charles X (jusqu'à 1830).
1823-1825 Stendhal, *Racine et Shakespeare*.	
1827 Augustin Thierry, *Lettres sur l'histoire de France*.	
1829 Dumas, *Henri III et sa cour*.	
1830 Stendhal, *Le Rouge et le Noir*.	**1830** Révolution de Juillet. Début du règne de Louis-Philippe.
1831 Peinture : Delacroix, *La Liberté guidant le peuple*.	
1833 Musset, *Les Caprices de Marianne*.	**1833** Loi Guizot sur l'enseignement primaire.

VIE	ŒUVRES
	1835 Poésie : *Les Chants du crépuscule.*
	1837 Poésie : *Les Voix intérieures.* **1838** Drame : *Ruy Blas.*
1840 Succède à Balzac à la présidence de la Société des Gens de lettres. Voyage en Allemagne avec Juliette. **1841** Élection à l'Académie française. **1843** Mort accidentelle de sa fille Léopoldine et de son gendre Charles Vacquerie.	**1840** Poésie : *Les Rayons et les Ombres.* **1843** Échec du drame *Les Burgraves.*
1848 Après la chute de Louis-Philippe, Hugo tente en vain d'imposer la famille d'Orléans. Élu député de Paris le 4 juin, il soutient la candidature de Louis Napoléon Bonaparte à la présidence de la République. **1851** Ses prises de position contre la peine de mort et la misère, sur la liberté de la presse et la politique étrangère, l'éloignent de la droite. Après le coup d'État du 2 décembre, il part pour un exil de vingt ans. **1852** Installation à Jersey.	**1852** Pamphlet : *Napoléon le Petit.* **1853** Poésie : *Les Châtiments.*
1855 Chassé de Jersey, il s'installe avec sa famille à Guernesey.	

TABLEAU CHRONOLOGIQUE

ÉVÉNEMENTS CULTURELS ET ARTISTIQUES	ÉVÉNEMENTS HISTORIQUES ET POLITIQUES
1835 Tocqueville, premiers volumes *De la Démocratie en Amérique*. Balzac, *Le Père Goriot*.	
1845 Mérimée, *Carmen*. **1846** Musique : Berlioz, *La Damnation de Faust*.	
	1848 Révolution de février. Début de la IIᵉ République (jusqu'à 1851).
	1851 Coup d'État du 2 décembre.
	1852 Début du Second Empire avec Napoléon III (jusqu'à 1870).
1854 Nerval, *Les Filles du feu*.	

VIE	ŒUVRES
	1856 Poésie : *Les Contemplations*.
	1859 Poésie : *La Légende des siècles*.
1861 Voyage en Belgique pour se documenter sur Waterloo, épisode important de son roman *Les Misérables*.	
	1862 Roman : *Les Misérables*.
	1866 Roman : *Les Travailleurs de la mer*. **1869** Roman : *L'Homme qui rit*.
1870 Rentre en France le 5 septembre après la proclamation de la République. **1871** Mort de son fils Charles ; son second fils, François-Victor, mourra deux ans plus tard.	
	1872 Poésie : *L'Année terrible*.
	1874 Roman : *Quatre-vingt-treize*.
1876 Élu sénateur de Paris, il plaide pour l'amnistie des communards.	
	1878 Poésie : *L'Art d'être grand-père*.
1885 Il meurt le 22 mai. Il est inhumé au Panthéon après des funérailles nationales.	

ÉVÉNEMENTS CULTURELS ET ARTISTIQUES	ÉVÉNEMENTS HISTORIQUES ET POLITIQUES
1857 Flaubert, *Madame Bovary*.	
	1860 Rattachement de Nice et de la Savoie.
1864 Larousse, *Grand Dictionnaire universel du XIXᵉ*.	
1869 Verlaine, *Fêtes galantes*.	1869 Inauguration du canal de Suez.
1870 Peinture : Cézanne, *Le Déjeuner sur l'herbe*.	
1871 Zola, début du cycle des *Rougon-Macquart*.	1871 Chute de l'Empire, début de la IIIᵉ République. La Commune de Paris.
1873 Rimbaud, *Une saison en enfer*.	
	1880 Jules Ferry et les lois scolaires.
1885 Maupassant, *Bel-Ami*.	

GENÈSE
DE L'ŒUVRE

L'obstination d'un écrivain

Le 13 février 1828, la représentation du drame de Victor Hugo, *Amy Robsart*, œuvre en prose, en cinq actes, inspirée du roman de Walter Scott, *Le Château de Keniworth*, se solde par un échec retentissant ; la pièce ne sera plus rejouée. Mais cela ne décourage pas le dramaturge, convaincu que ce nouveau genre théâtral représente une forme privilégiée pour exprimer les aspirations de liberté et de changement d'une jeunesse étouffée par un conservatisme ambiant. Ainsi, il poursuit la rédaction d'un vaste drame de plus de six mille vers, *Cromwell*, qu'il accompagne d'une préface où les fondements théoriques du drame romantique sont exposés.

Le triomphe à la Comédie-Française du drame d'Alexandre Dumas, *Henri III et sa cour*, conforte Victor Hugo dans ses projets dramatiques. Le 10 juillet 1829, il lit devant quelques amis une pièce intitulée *Un duel sous Richelieu*, qui prendra par la suite le titre de *Marion de Lorme* ; mais la censure en interdit la représentation. Aussitôt, Hugo débute un nouveau drame historique en vers, *Hernani*, dont la rédaction est réalisée avec une extrême rapidité entre le 29 août et le 24 septembre 1829. Lors de sa lecture, le 5 octobre, *Hernani* est reçu par acclamation à la Comédie-Française. Cet accueil et les passions qui accompagnent la représentation l'année suivante soulignent la novation de cette œuvre, qui apparaît d'emblée comme l'aboutissement d'une réflexion théorique et la synthèse de multiples influences.

La naissance d'une nouvelle dramaturgie

Dans une période historique où les espérances nées de la Révolution se sont brisées sur le régime impérial, puis sur le retour de la monarchie, le genre théâtral oscille entre une expression conservatrice, qui répète sans imagination les formes classiques, et un besoin irrépressible d'exprimer une sensibilité où se mêlent le goût pour l'Histoire et l'exaltation de la liberté et des sentiments.

C'est de cette aspiration novatrice, satisfaite en partie par les mélodrames populaires de Pixérécourt et le jeu de l'acteur Frédérick Lemaître, que naissent progressivement des réflexions théoriques qui vont préparer l'émergence du drame romantique. Parmi celles-ci, on peut en retenir principalement trois. Tout d'abord celle de Stendhal qui, outré par l'accueil réservé à une troupe anglaise venue jouer *Othello,* écrit un vigoureux plaidoyer en faveur du théâtre de Shakespeare, libéré selon lui de toutes les contraintes qui pèsent sur le théâtre classique. Il fustige l'ennui des formes classiques et revendique une action (drame vient du grec *drama,* action) qui plaise au public contemporain. Utilisant le mot « romanticisme », par allusion au terme *romanticismo* désignant en Italie un courant littéraire proche des libéraux, Stendhal définit la nouvelle dramaturgie comme un « art de présenter aux peuples les œuvres littéraires qui, dans l'état actuel de leurs habitudes et de leurs croyances, sont susceptibles de leur donner le plus de plaisir possible » (*Racine et Shakespeare,* 1823-1825). Par ailleurs, il rejette avec vigueur les deux unités de lieu et de temps, « nullement nécessaires à produire l'émotion profonde et le véritable effet dramatique », et refuse l'alexandrin, trop artificiel à son goût pour évoquer des sujets modernes (voir « Outils de lecture », p. 262).

À son tour, Alfred de Vigny, admirateur de Shakespeare dont il adapte la pièce *Othello* en 1829 (*Le More de Venise*), développe une vigoureuse critique de la dramaturgie classique dans un essai, *Lettre à Lord*** sur la soirée du 24 octobre 1829,* et constate que « toute tragédie était une catastrophe et un dénouement d'une action déjà mûre au lever du rideau, qui ne tenait plus qu'à un fil et n'avait plus qu'à tomber » ; il fait l'éloge d'un genre nouveau privilégiant la représentation de l'individu dans toute la complexité de ses pensées et actions : « le poète dramatique [...] prendra dans sa large main beaucoup de temps, et y fera mouvoir des existences entières ; il créera l'homme, non comme *espèce,* mais comme *individu* (seul moyen d'intéresser l'humanité) ; il laissera ses créatures vivre de leur propre vie, et jettera seulement dans leurs cœurs ces germes de passions par où se préparent les grands événements ». Il réclame également un mélange des genres où des « scènes paisibles sans drame » puissent se mêler à « des scènes comiques et tragiques ».

Enfin, Victor Hugo approfondit et parachève cette réflexion théorique avec sa préface de *Cromwell*, véritable art poétique du drame romantique. Voici quelques extraits significatifs illustrant les conceptions qu'il emploiera pour réaliser *Hernani*.

Pour Hugo, le drame permet de peindre toute la réalité dans sa complexité : « Dans le drame, tout s'enchaîne et se déduit ainsi que dans la réalité. Le corps y joue son rôle comme l'âme ; et les hommes et les événements, mis en jeu par ce double agent, passent tour à tour bouffons et terribles, quelquefois terribles et bouffons tout ensemble… » Il embrasse tous les genres, ainsi « l'*ode* et l'*épopée* ne le contiennent qu'en germe ; il les contient l'une et l'autre en développement ; il les résume et les enserre toutes les deux ».

Cette ambition totalisatrice s'accorde mal avec les contraintes formelles classiques comme la règle des trois unités ; c'est pourquoi Victor Hugo rejette avec dérision l'unité de lieu et l'argument de la vraisemblance qui la sous-tend : « Ce qu'il y a d'étrange, c'est que les routiniers prétendent appuyer leur règle des deux unités sur la vraisemblance, tandis que *c'est précisément le réel qui la tue*. Quoi de plus invraisemblable et de plus absurde en effet que ce vestibule, ce péristyle, cette antichambre, lieu banal où nos tragédies ont la complaisance de venir se dérouler, où arrivent, on ne sait comment, les conspirateurs pour déclamer contre le tyran, le tyran pour déclamer contre les conspirateurs, chacun leur tour… Où a-t-on vu vestibule et péristyle de cette sorte ? Quoi de plus contraire, nous ne dirons pas à la vérité, les scolastiques en font bon marché, mais à la vraisemblance ? »

Au contraire, Hugo préconise de placer l'action dans le lieu où elle se déroule pour éviter les « récits », les « tableaux », les « descriptions » : « On commence à comprendre de nos jours que la localité exacte est un des premiers éléments de la réalité. Les personnages parlants ou agissants ne sont pas les seuls qui gravent dans l'esprit du spectateur la fidèle empreinte des faits. Le lieu où telle catastrophe s'est passée en devient un témoin terrible et inséparable ; et l'absence de cette sorte de personnage muet décompléterait dans le drame les plus grandes scènes de l'Histoire. »

Avec la même vigueur, Victor Hugo rejette l'unité de temps qui « n'est pas plus solide que l'unité de lieu. L'action, encadrée de force dans les vingt-quatre heures, est aussi ridicule qu'encadrée dans le vestibule. Toute action a sa durée propre comme son lieu particulier. Verser la même dose de temps à tous les événements ! appliquer la même mesure sur tout ! on rirait d'un cordonnier qui voudrait mettre le même soulier à tous les pieds. Croiser l'unité de temps à l'unité de lieu comme les barreaux d'une cage, et y faire pédantesquement entrer, de par Aristote, tous ces faits, tous ces peuples, toutes ces figures que la providence déroule à si grandes masses dans la réalité ! c'est mutiler hommes et choses, c'est faire grimacer l'Histoire ».

En revanche, le dramaturge conserve l'unité d'action en lui conférant une importance accrue et redéfinie : l'unité d'action est « la seule admise de tous parce qu'elle résulte d'un fait : l'œil ni l'esprit humain ne sauraient saisir plus d'un ensemble à la fois. Celle-là est aussi nécessaire que les deux autres sont inutiles. C'est elle qui marque le point de vue du drame ; or, par cela même, elle exclut les deux autres. Il ne peut pas plus y avoir trois unités dans le drame que trois horizons dans un tableau. Du reste, gardons-nous de confondre l'unité avec la simplicité d'action. L'unité d'ensemble ne répudie en aucune façon les actions secondaires sur lesquelles doit s'appuyer l'action principale. Il faut seulement que ces parties, savamment subordonnées au tout, gravitent sans cesse vers l'action centrale et se groupent autour d'elle aux différents étages ou plutôt sur les divers plans du drame. L'unité d'ensemble est la loi de perspective du théâtre ».

Si la préface de *Cromwell* exprime un rejet des contraintes formelles classiques et prône sans ambages la liberté totale

(« ... mettons le marteau dans les théories, les poétiques et les systèmes »), elle propose cependant une nouvelle esthétique et assigne au drame romantique une mission édificatrice : « Le théâtre est un point d'optique. Tout ce qui existe dans le monde, dans l'Histoire, dans la vie, dans l'homme, tout doit et peut s'y réfléchir, mais sous la baguette magique de l'art. L'art feuillette les siècles, feuillette la nature, interroge les chroniques, s'étudie à reproduire la réalité des faits, surtout celle des mœurs et des caractères [...]. Ainsi le but de l'art est presque divin : ressusciter, s'il fait de l'Histoire ; créer, s'il fait de la poésie.

C'est une grande et belle chose que de voir se déployer avec cette largeur un drame où l'art développe puissamment la nature ; un drame où l'action marche à la conclusion d'une allure ferme et facile, sans diffusion et sans étranglement ; drame enfin où le poète remplisse pleinement le but multiple de l'art, qui est d'ouvrir au spectateur un double horizon, d'illuminer à la fois l'intérieur et l'extérieur des hommes ; l'extérieur, par leurs discours et leurs actions ; l'intérieur, par les a parte et les monologues ; de croiser, en un mot, dans le même tableau, le drame de la vie et le drame de la conscience. »

Ainsi, dans le drame romantique, Hugo place au premier plan l'expression de la complexité de la nature et de l'homme ; il indique avec précision les moyens pour atteindre un tel but et définit du coup une esthétique nouvelle : « On conçoit que pour une œuvre de ce genre, si le poète doit *choisir* dans les choses (et il le doit), ce n'est pas le *beau*, mais le *caractéristique*. Non qu'il convienne de faire, comme on dit aujourd'hui, de la *couleur locale*, c'est-à-dire d'ajouter après coup quelques touches criardes çà et là sur un ensemble du reste parfaitement faux et conventionnel. Ce n'est point à la surface du drame que doit être la couleur locale, mais au fond, dans le cœur même de l'œuvre, d'où elle se répand au-dehors, d'elle-même, naturellement, également, et, pour ainsi parler, dans tous les coins du drame, comme la sève qui monte de la racine à la dernière feuille de l'arbre. Le drame doit être radicalement imprégné de cette couleur des temps ; elle doit en quelque sorte y être dans l'air, de façon qu'on ne s'aperçoive qu'en y entrant et qu'en en sortant qu'on a changé de siècle et d'atmosphère. »

Mais c'est sans doute paradoxalement dans sa volonté de conserver le vers que Victor Hugo exprime le plus nettement cette modernité (contrairement à Stendhal condamnant l'alexandrin qui « n'est souvent qu'un cache-sottise », *Racine et Shakespeare*, 1823-1825) ; en effet, loin de se plier aux contraintes de la prosodie classique, Hugo préconise un vers libre, au service des dialogues et de la variété des situations : « Si nous avions le droit de dire quel pourrait être, à notre gré, le style du drame, nous voudrions un vers libre, franc, loyal, osant tout dire sans pruderie, tout exprimer sans recherche ; passant d'une naturelle allure de la comédie à la tragédie, du sublime au grotesque ; tour à tour positif et poétique, tout ensemble artiste et inspiré, profond et soudain, large et vrai ; sachant briser à propos et déplacer la césure pour déguiser sa monotonie d'alexandrin ; plus ami de l'enjambement qui l'allonge que de l'inversion qui l'embrouille ; [...] lyrique, épique, dramatique, selon le besoin ; pouvant parcourir toute la gamme poétique, aller de haut en bas, des idées les plus élevées aux plus vulgaires, des plus bouffonnes aux plus graves, des plus extérieures aux plus abstraites, sans jamais sortir des limites d'une scène parlée. [...] Répétons-le surtout, le vers au théâtre doit dépouiller tout amour-propre, toute exigence, toute coquetterie. Il n'est qu'une forme, et une forme qui doit tout admettre, qui n'a rien à imposer au drame, et au contraire doit tout recevoir de lui pour tout transmettre au spectateur : français, latin, textes de lois, jurons royaux, locutions populaires, comédie, tragédie, rire, larmes, prose et poésie. » De fait, la bataille d'*Hernani* commença par l'enjambement osé du premier alexandrin.

Les influences dans *Hernani*

Ces différents extraits montrent que la rapide rédaction d'*Hernani* a été précédée par une profonde réflexion théorique, à l'issue de laquelle Victor Hugo a mis en place un système dramatique clairement défini. Quant aux influences et sources d'inspiration, elles sont multiples et variées ; on en retiendra ici essentiellement quatre.

L'influence espagnole

Les premiers contacts de Victor Hugo avec le monde espagnol remontent à son enfance ; en avril-juin 1811, avec sa mère et ses frères, il rejoint son père à Madrid. Au cours de ce voyage, il a probablement traversé, sur la route de Saint-Sébastien, un village du nom d'Hernani, qu'il évoque d'ailleurs dans son journal de voyages *Pyrénées*, « *De Bayonne à Saint-Sébastien – Entrée en Espagne* » (1843). Pour construire la scène 6 de l'acte III où s'affrontent don Carlos et don Ruy Gomez, Hugo s'est sans doute aussi souvenu de la galerie de portraits en pied des ancêtres du propriétaire du palais Maserano à Madrid, où son père installa toute la famille. Outre ses références biographiques, Hugo précise dans la préface d'*Hernani* que « le *Romancero general* est la véritable clef » de son drame. Cet ouvrage, traduit en 1821 par le frère de Victor Hugo, Abel, est un recueil de textes espagnols publiés au début du XVIIᵉ siècle où sont notamment relatés les exploits d'une figure légendaire en Espagne, le Cid ; le sens de l'honneur et l'héroïsme d'Hernani empruntent à ce modèle comme à celui du personnage de Corneille.

Le théâtre du Siècle d'or espagnol constitue également une des sources d'inspiration du drame hugolien ; outre quelques ressemblances avec des œuvres d'Alarcon et de Calderon, ce sont surtout les principes formels de la dramaturgie espagnole, fondés sur la poésie et la liberté, que retient Victor Hugo : ainsi, dans sa préface de *Cromwell*, en affirmant « que tout dans la création n'est pas humainement beau, que le laid y existe à côté du beau » et qu'il faut se mettre « à faire comme la nature, à mêler dans ses créations, sans pourtant les confondre, l'ombre à la lumière, le grotesque au sublime », c'est Lope de Vega qu'il cite pour justifier cette ambition de peindre la réalité : « Le poète, insistons sur ce point, ne doit donc prendre conseil que de la nature, de la vérité, et de l'inspiration qui est aussi une vérité et une nature. "*Quando he*, dit Lope de Vega,

> *Quando he de escrivir una comedia*
> *Encierro los preceptos con seis llaves.*"

[Quand j'ai à écrire une comédie / J'enferme les préceptes à six tours.] »

On observe dans *Hernani* la mise en œuvre de ce principe de contraste (à travers la dualité des personnages) et de mélange des genres (notamment les scènes 1 et 2 de l'acte I qui s'apparentent au vaudeville).

L'influence anglaise

Admirateur des romans historiques de Walter Scott (1771-1832), qui met en scène des personnages proscrits en lutte avec le pouvoir en place (*Ivanhoé*, 1825), et puisant dans l'histoire anglaise des sujets d'inspiration *(Amy Robsart, Cromwell)*, Victor Hugo revendique surtout l'influence de la dramaturgie de Shakespeare : « Nous voici parvenus à la sommité poétique des temps modernes. Shakespeare, c'est le drame ; et le drame, qui fond sous un même souffle le grotesque et le sublime, le terrible et le bouffon, la tragédie et la comédie, le drame est le caractère propre de la troisième époque de poésie, de la littérature actuelle. » (Préface de *Cromwell*.)

Dans *Hernani*, on retrouve cette exigence de liberté : elle se traduit notamment par un refus de la contrainte des unités, par l'importance du support historique (quitte à multiplier les anachronismes), par le goût des décors (signalé par les nombreuses didascalies : par exemple, les scènes initiales des actes II, III, IV et V), et par l'action plutôt que les récits (acte I, scène 1, le spectateur est plongé *in media res*, sans aucune indication). Sur un autre plan, le suicide final du couple Hernani/doña Sol peut rappeler celui de *Roméo et Juliette* (1595).

L'influence allemande

De nombreux textes allemands ont préparé cette influence du dramaturge anglais : dans un essai traduit en France en 1785,

La Dramaturgie de Hambourg, Lessing (1729-1781) affirme cette influence primordiale de Shakespeare et sa primauté sur les dramaturges français du XVIIᵉ ; il réfute la règle des unités et propose la mise en valeur et l'exaltation des sentiments. De fait, le théâtre allemand, extrêmement fécond, offre des drames qui suivent ces indications et serviront bientôt de modèles aux dramaturges français ; ainsi, en 1808, dans *De l'Allemagne*, Mme de Staël fait l'éloge de Schiller, dont le drame historique, *Les Brigands* (1781), est joué avec succès en France dès 1792. Schiller, figure du mouvement allemand *Sturm und Drang* (Tempête et Passion), y met en scène des personnages exaltés aux prises avec des conflits violents ; *Hernani* contient plusieurs similitudes ou réminiscences avec cette pièce (proscrit recherché, héros épris de liberté et animé par une haine farouche, travestissement, emploi du cor) et avec une autre œuvre, *Don Carlos*, 1787 (voir le vers 534 et la note 6 p. 94). En 1809, Benjamin Constant adapte le drame de Schiller, *Wallenstein*, et rédige une préface, *Réflexions sur le théâtre allemand et la tragédie de Wallenstein*. Enfin, en 1813, paraît une traduction du *Cours de littérature dramatique* du philosophe Schlegel, qui fait à son tour un vibrant éloge de la dramaturgie shakespearienne et pose les grands principes du drame romantique.

L'influence des classiques français

Si *Hernani* marque avec éclat un affranchissement des contraintes formelles du XVIIᵉ classique, Hugo ne refuse pas pour autant l'héritage de ses prédécesseurs ; ainsi, il rappelle dans la préface de son drame qu'il « prierait volontiers les personnes que cet ouvrage a pu choquer de relire *Le Cid*, *Don Sanche*, *Nicomède*, ou plutôt tout Corneille et tout Molière, ces grands et admirables poètes ».

En effet, les valeurs cornéliennes (sens du devoir, de l'honneur, héroïsme, exaltation des sentiments) sont omniprésentes dans *Hernani* ; par ailleurs, le couple Hernani/doña Sol, et son destin placé entre les mains d'un tiers, rappelle précisément le couple Rodrigue/Chimène ; tout comme le revirement de don Carlos, devenu empereur dans l'acte IV, évoque la mansuétude de l'empereur romain dans *Cinna ou la Clémence d'Auguste* (1640).

Quant à Molière, son influence dans *Hernani* n'apparaît pas dans l'utilisation de motifs, mais plutôt dans la liberté de l'alexandrin qui épouse la pensée et l'action, ce que Victor Hugo célèbre chez son illustre prédécesseur : « Molière est dramatique. [...] Chez lui, le vers embrasse l'idée, lui prête une figure plus svelte, plus stricte, plus complète, et nous la donne en quelque sorte en élixir. » (Préface de *Cromwell*.)

Hernani ou la naissance du drame romantique hugolien

On le constate, *Hernani* est une œuvre complexe, nourrie à la fois par une importante réflexion théorique, par une série d'influences qui l'inscrit dans un vaste mouvement européen et par une tradition dont elle s'affranchit. De ce point de vue, le drame de Victor Hugo correspond à un aboutissement où le génie du verbe et la puissance de l'imagination assurent l'originalité et la profondeur d'une œuvre dont l'accueil tempétueux souligne à quel point elle bouleverse un genre.

La première représentation ou l'histoire d'une bataille

Plusieurs incidents émaillent en effet les semaines qui précèdent la première représentation d'*Hernani* : le censeur Charles Brifaut, qui a interdit en 1829 *Marion de Lorme*, autorise la représentation d'*Hernani*, mais publie des extraits tronqués, émet de nombreuses réserves et ne voit dans la pièce qu'un « tissu d'extravagances, auxquelles l'auteur s'efforce vainement de donner un caractère d'élévation et qui ne sont que triviales et souvent grossières » (« Pièces relatives à la censure d'*Hernani* », édition de Jean Massin des *Œuvres complètes* de Victor Hugo). Par ailleurs, l'auteur, qui assiste assidûment aux répétitions, se heurte à plusieurs reprises aux comédiens, qui, conscients de la nouveauté du drame et craignant les réactions hostiles d'une partie du public, proposent des aménagements que le dramaturge supporte mal.

Alexandre Dumas rapporte ainsi dans ses *Mémoires* l'incident qui opposa Hugo avec Mlle Mars, l'interprète de doña Sol : celle-ci refusait obstinément de prononcer le mot « *lion* » dans le vers 1028 (acte III, scène 4) : « *Vous êtes mon lion superbe et généreux !* » et le jour de la première représentation prononça « *Vous êtes, monseigneur...* » au lieu de « *Vous êtes mon lion...* ».

La première d'*Hernani* a lieu le 25 février 1830 à la Comédie-Française, lieu symbolique du théâtre classique. Craignant une cabale des tenants du classicisme, les partisans du romantisme s'installent dans le théâtre plusieurs heures avant la représentation et vont soutenir bruyamment la pièce de Victor Hugo ; parmi eux, on compte de jeunes artistes comme Honoré de Balzac, Hector Berlioz, Pétrus Borel, Alexandre Dumas, Gérard de Nerval, et Théophile Gautier, qui a laissé un récit détaillé et incisif de cette représentation qui allait devenir la « bataille d'*Hernani* » :

« Cependant, le lustre descendait lentement du plafond avec sa triple couronne de gaz et son scintillement prismatique ; la rampe montait, traçant entre le monde idéal et le monde réel sa démarcation lumineuse. Les candélabres s'allumaient aux avant-scènes, et la salle s'emplissait peu à peu. Les portes des loges s'ouvraient et se fermaient avec fracas. Sur le rebord de velours, posant leurs bouquets et leurs lorgnettes, les femmes s'installaient comme pour une longue séance, donnant du jeu aux épaulettes de leur corsage décolleté, s'asseyant bien au milieu de leurs jupes. Quoiqu'on ait reproché à notre école l'amour du laid, nous devons avouer que les belles, jeunes et jolies femmes furent chaudement applaudies de cette jeunesse ardente, ce qui fut trouvé de la dernière inconvenance et du dernier mauvais goût par les vieilles et les laides. [...] L'orchestre et le balcon étaient pavés de crânes académiques et classiques. Une rumeur d'orage grondait sourdement dans la salle ; il était temps que la toile se levât ; on en serait peut-être venu aux mains avant la pièce, tant l'animosité était grande de part et d'autre. Enfin les trois coups retentirent. Le rideau se replia lentement sur lui-même, et l'on vit, dans une chambre à coucher du seizième siècle, éclairée par une petite lampe, doña Josefa Duarte, vieille en noir, avec le corps de sa jupe cousu de jais, à la mode d'Isabelle la

Catholique, écoutant les coups que doit frapper à la porte secrète un galant attendu par sa maîtresse :

Serait-ce déjà lui ? C'est bien à l'escalier
Dérobé.

La querelle était déjà engagée. Ce mot rejeté sans façon à l'autre vers, cet enjambement audacieux, impertinent même, semblait un spadassin de profession, allant donner une pichenette sur le nez du classicisme pour le provoquer en duel.

– Eh quoi ! dès le premier mot l'orgie en est déjà là ? On casse les vers et on les jette par les fenêtres ! dit un classique admirateur de Voltaire avec le sourire indulgent de la sagesse pour la folie.

Il était tolérant d'ailleurs, et ne se fût pas opposé à de prudentes innovations, pourvu que la langue fût respectée ; mais de telles négligences au début d'un ouvrage devaient être condamnées chez un poète, quels que fussent ses principes, libéral ou royaliste.

– Mais ce n'est pas une négligence, c'est une beauté, répliquait un romantique de l'atelier de Devéria, fauve comme un cuir de Cordoue et coiffé d'épais cheveux rouges comme ceux d'un Giorgone.

… C'est bien à l'escalier
Dérobé…

Ne voyez-vous pas que ce mot "dérobé" rejeté, et comme suspendu en dehors du vers, peint admirablement l'escalier d'amour et de mystère qui enfonce sa spirale dans la muraille du manoir ! Quelle merveilleuse science architectonique ! quel sentiment de l'art du XVIe siècle ! quelle intelligence profonde de toute civilisation !

L'ingénieux élève de Devéria voyait sans doute trop de choses dans ce rejet, car ses commentaires, développés outre mesure, lui attirèrent des "chut" et des "à la porte", dont l'énergie croissante l'obligea bientôt au silence.

Il serait difficile de décrire, maintenant que les esprits sont habitués à regarder comme des morceaux pour ainsi dire classiques les nouveautés qui semblaient alors de pures barbaries, l'effet que produisaient sur l'auditoire ces vers si singuliers, si mâles, si forts, d'un tour si étrange, d'une allure si cornélienne et si shakespearienne à la fois. »

Théophile Gautier, *Victor Hugo*, texte posthume publié en 1902.

Victor Hugo. Lithographie d'Achille Devéria (1800-1857).
Maison de Victor Hugo.

Hernani

HUGO

drame

Représenté pour la première fois
le 25 février 1830

PRÉFACE

L'auteur de ce drame écrivait il y a peu de semaines à propos d'un poète mort avant l'âge[1] :

« ... Dans ce moment de mêlée et de tourmente littéraire, qui faut-il plaindre, ceux qui meurent ou ceux qui
5 combattent ? Sans doute, il est triste de voir un poète de vingt ans qui s'en va, une lyre qui se brise, un avenir qui s'évanouit ; mais n'est-ce pas quelque chose aussi que le repos ? N'est-il pas permis à ceux autour desquels s'amassent incessamment calomnies, injures, haines, jalousies, sourdes
10 menées, basses trahisons ; hommes loyaux auxquels on fait une guerre déloyale ; hommes dévoués qui ne voudraient enfin que doter le pays d'une liberté de plus, celle de l'art, celle de l'intelligence ; hommes laborieux qui poursuivent paisiblement leur œuvre de conscience, en proie d'un côté à de
15 viles machinations de censure et de police, en butte de l'autre, trop souvent, à l'ingratitude des esprits mêmes pour lesquels ils travaillent ; ne leur est-il pas permis de retourner quelquefois la tête avec envie vers ceux qui sont tombés derrière eux et qui dorment dans le tombeau ? *Invideo,* disait Luther[2]
20 dans le cimetière de Worms, *invideo, quia quiescunt*[3].

« Qu'importe toutefois ? Jeunes gens, ayons bon courage ! Si rude qu'on veuille nous faire le présent, l'avenir sera beau. Le romantisme, tant de fois mal défini, n'est à tout prendre,

---

1. **Un poète mort avant l'âge** : Charles Dovalle, jeune poète, tué en duel en novembre 1829. Victor Hugo avait écrit en janvier 1830 une préface pour ses œuvres.
2. **Luther** : théologien allemand (1483-1546) ; il fut un des principaux artisans de la Réforme et de l'émergence du protestantisme en Europe.
3. **Invideo [...] quia quiescunt** : « Je les envie, parce qu'ils reposent. »

et c'est là sa définition réelle si l'on ne l'envisage que sous
25 son côté militant, que le libéralisme en littérature. Cette vérité
est déjà comprise à peu près de tous les bons esprits, et le
nombre en est grand ; et bientôt, car l'œuvre est déjà bien
avancée, le libéralisme littéraire ne sera pas moins populaire
que le libéralisme politique. La liberté dans l'art, la liberté
30 dans la société, voilà le double but auquel doivent tendre
d'un même pas tous les esprits conséquents et logiques : voilà
la double bannière qui rallie, à bien peu d'intelligences près
(lesquelles s'éclaireront), toute la jeunesse si forte et si
patiente aujourd'hui ; puis, avec la jeunesse et à sa tête, l'élite
35 de la génération qui nous a précédés, tous ces sages vieillards
qui, après le premier moment de défiance et d'examen, ont
reconnu que ce que font leurs fils est une conséquence de ce
qu'ils ont fait eux-mêmes, et que la liberté littéraire est fille
de la liberté politique. Ce principe est celui du siècle, et pré-
40 vaudra. Les Ultras[1] de tout genre, classiques ou monar-
chiques, auront beau se prêter secours pour refaire l'ancien
régime de toutes pièces, société et littérature ; chaque progrès
du pays, chaque développement des intelligences, chaque pas
de la liberté fera crouler tout ce qu'ils auront échafaudé. Et,
45 en définitive, leurs efforts de réaction auront été utiles. En
révolution, tout mouvement fait avancer. La vérité et la
liberté ont cela d'excellent que tout ce qu'on fait pour elles
et tout ce qu'on fait contre elles les sert également. Or, après
tant de grandes choses que nos pères ont faites, et que nous
50 avons vues, nous voilà sortis de la vieille forme sociale ;
comment ne sortirions-nous pas de la vieille forme poétique ?
À peuple nouveau, art nouveau. Tout en admirant la littérature de Louis XIV si bien adaptée à sa monarchie, elle
saura bien avoir sa littérature propre et personnelle et natio-
55 nale, cette France actuelle, cette France du XIXe siècle, à qui
Mirabeau a fait sa liberté et Napoléon sa puissance. »

---

1. **Ultras** : désigne les royalistes qui réclament un retour à l'Ancien Régime
(d'avant 1789) et à ses valeurs.

Qu'on pardonne à l'auteur de ce drame de se citer lui-même ; ses paroles ont si peu le don de se graver dans les esprits, qu'il aurait souvent besoin de les rappeler. D'ailleurs, aujourd'hui, il n'est peut-être point hors de propos de remettre sous les yeux des lecteurs les deux pages qu'on vient de transcrire. Ce n'est pas que ce drame puisse en rien mériter le beau nom d'« art nouveau », de « poésie nouvelle », loin de là ; mais c'est que le principe de la liberté en littérature vient de faire un pas[1] ; c'est qu'un progrès vient de s'accomplir, non dans l'art, ce drame est trop peu de chose, mais dans le public ; c'est que, sous ce rapport du moins, une partie des pronostics hasardés plus haut viennent de se réaliser.

Il y avait péril, en effet, à changer ainsi brusquement d'auditoire, à risquer sur le théâtre des tentatives confiées jusqu'ici seulement au papier qui souffre tout[2] ; le public des livres est bien différent du public des spectacles, et l'on pouvait craindre de voir le second repousser ce que le premier avait accepté. Il n'en a rien été. Le principe de la liberté littéraire, déjà compris par le monde qui lit et qui médite, n'a pas été moins complètement adopté par cette immense foule, avide des pures émotions de l'art, qui inonde chaque soir les théâtres de Paris. Cette voix haute et puissante du peuple, qui ressemble à celle de Dieu, veut désormais que la poésie ait la même devise que la politique : TOLÉRANCE ET LIBERTÉ.

Maintenant, vienne le poète ! Il y a un public.

Et cette liberté, le public la veut telle qu'elle doit être, se conciliant avec l'ordre, dans l'État, avec l'art, dans la littérature. La liberté a une sagesse qui lui est propre, et sans laquelle elle n'est pas complète. Que les vieilles règles de

---

1. **La liberté [...] vient de faire un pas** : allusion à la récente bataille et au succès d'*Hernani* qui marquent l'avènement du romantisme.
2. **Au papier qui souffre tout** : allusion au drame *Cromwell* (1827) publié mais non représenté.

d'Aubignac[1] meurent avec les vieilles coutumes de Cujas[2], cela est bien ; qu'à une littérature de cour succède une littérature de peuple, cela est mieux encore ; mais surtout qu'une raison intérieure se rencontre au fond de toutes ces nouveautés. Que le principe de liberté fasse son affaire, mais qu'il la fasse bien. Dans les lettres, comme dans la société, point d'étiquette, point d'anarchie : des lois. Ni talons rouges, ni bonnets rouges[3].

Voilà ce que veut le public, et il veut bien. Quant à nous, par déférence pour ce public qui a accueilli avec tant d'indulgence un essai qui en méritait si peu, nous lui donnons ce drame aujourd'hui tel qu'il a été représenté. Le jour viendra peut-être de le publier tel qu'il a été conçu par l'auteur[4], en indiquant et en discutant les modifications que la scène lui a fait subir. Ces détails de critique peuvent ne pas être sans intérêt ni sans enseignements, mais ils sembleraient minutieux aujourd'hui ; la liberté de l'art est admise, la question principale est résolue ; à quoi bon s'arrêter aux questions secondaires ? Nous y reviendrons du reste quelque jour, et nous parlerons aussi, bien en détail, en la ruinant par les raisonnements et par les faits, de cette censure dramatique qui est le seul obstacle à la liberté du théâtre, maintenant qu'il n'y en a plus dans le public. Nous essaierons, à nos risques et périls et par dévouement aux choses de l'art, de caractériser les mille abus de cette petite inquisition de l'esprit, qui a, comme l'autre saint-office[5], ses juges secrets, ses bourreaux masqués, ses tortures, ses mutilations et sa peine de mort.

---

1. **D'Aubignac** : théoricien de théâtre qui formalisa les règles classiques dans sa *Pratique du théâtre* (1657).

2. **Cujas** : jurisconsulte réputé (1522-1590).

3. **Ni talons rouges, ni bonnets rouges** : formule qui exprime par des détails vestimentaires (figure de métonymie) un refus des contre-révolutionnaires (*talons rouges*) et des révolutionnaires (*bonnets rouges*).

4. **Tel qu'il a été conçu par l'auteur** : Hugo rappelle ici la censure qui a frappé son œuvre ; le texte intégral ne sera publié qu'en 1836 ; la présente édition reproduit le texte complet.

5. **L'autre saint-office** : l'inquisition espagnole.

Nous déchirerons, s'il se peut, ces langes de police dont il est honteux que le théâtre soit encore emmailloté au XIXᵉ siècle.

115 Aujourd'hui, il ne doit y avoir place que pour la reconnaissance et les remerciements. C'est au public que l'auteur de ce drame adresse les siens, et du fond du cœur. Cette œuvre, non de talent, mais de conscience et de liberté, a été généreusement protégée contre bien des inimitiés par le

120 public, parce que le public est toujours aussi, lui, consciencieux et libre. Grâces lui soient donc rendues, ainsi qu'à cette jeunesse puissante qui a porté aide et faveur à l'ouvrage d'un jeune homme sincère et indépendant comme elle ! C'est pour elle surtout qu'il travaille, parce que ce serait une gloire bien

125 haute que l'applaudissement de cette élite de jeunes hommes, intelligente, logique, conséquente, vraiment libérale en littérature comme en politique, noble génération qui ne se refuse pas à ouvrir les deux yeux à la vérité et à recevoir la lumière des deux côtés.

130 Quant à son œuvre en elle-même, il n'en parlera pas. Il accepte les critiques qui en ont été faites, les plus sévères comme les plus bienveillantes, parce qu'on peut profiter à toutes. Il n'ose se flatter que tout le monde ait compris du premier coup ce drame, dont le *Romancero general*[1] est la

135 véritable clef. Il prierait volontiers les personnes que cet ouvrage a pu choquer de relire *Le Cid, Don Sanche, Nicomède*[2], ou plutôt tout Corneille et tout Molière, ces grands et admirables poètes[3]. Cette lecture, si pourtant elles veulent bien faire d'abord la part de l'immense infériorité de l'auteur

140 d'*Hernani*, les rendra peut-être moins sévères pour certaines choses qui ont pu les blesser dans la forme ou dans le fond

---

1. **Romancero general** : œuvres espagnoles parues en 1602 et 1604 et traduites par le frère de l'écrivain, Abel Hugo.
2. **Le Cid, Don Sanche, Nicomède** : pièces de théâtre de Pierre Corneille (1637, 1650, 1651) empreintes de romanesque, d'héroïsme généreux, et caractérisées pour les deux premières par l'hispanisme.
3. **Admirables poètes** : la Préface de *Cromwell* contient déjà un vibrant éloge de ces deux poètes.

de ce drame. En somme, le moment n'est peut-être pas encore venu de le juger. *Hernani* n'est jusqu'ici que la première pierre d'un édifice qui existe tout construit dans la tête de
145 son auteur, mais dont l'ensemble peut seul donner quelque valeur à ce drame. Peut-être ne trouvera-t-on pas mauvaise un jour la fantaisie qu'il lui a pris de mettre, comme l'architecte de Bourges, une porte presque mauresque à sa cathédrale gothique.

150 En attendant, ce qu'il a fait est bien peu de chose, il le sait. Puissent le temps et la force ne pas lui manquer pour achever son œuvre ! Elle ne vaudra qu'autant qu'elle sera terminée. Il n'est pas de ces poètes privilégiés qui peuvent mourir ou s'interrompre avant d'avoir fini, sans péril pour leur
155 mémoire ; il n'est pas de ceux qui restent grands, même sans avoir complété leur ouvrage, heureux hommes dont on peut dire ce que Virgile disait de Carthage ébauchée :

> *Pendent opera interrupta minaeque*
> *Murorum ingentes*[1] *!*

Victor Hugo, le 9 mars 1830[2].

---

1. **Pendet opera [...] ingentes !** : « Les travaux interrompus restent en suspens : murs menaçants, énormes ! » (Virgile, *Énéide*, IV, v. 88-89).
2. **9 mars 1830** : la première représentation d'*Hernani* a eu lieu le 25 février 1830.

Personnages

Hernani.

Don Carlos.

Don Ruy Gomez de Silva.

Doña Sol de Silva.

Le roi de Bohême.

Le duc de Bavière.

Le duc de Gotha.

Le baron de Lutzelbourg.

Iaquez.

Don Sancho Sanchez de Zuniga, *comte de Monterey.*

Don Matias Centurion, *marquis d'Almuñan.*

Don Ricardo de Roxas, *seigneur de Casapalma.*

Don Garci Suarez.

Don Francisco.

Don Juan de Haro.

Don Pedro Guzman de Lara.

Don Gil Tellez Giron.

Doña Josefa Duarte.

Un montagnard.

Une dame.

Premier conjuré.

Deuxième conjuré.

Troisième conjuré.

Conjurés de la Ligue sacro-sainte[1], allemands et espagnols.

Montagnards, seigneurs, pages, peuple, etc.

Espagne. 1519[2].

---

1. **Conjurés de la Ligue sacro-sainte :** il s'agit d'un anachronisme ; en effet, cette ligue hostile à Charles Quint se constitua en 1521.
2. **1519 :** cette date inscrit le drame dans un temps historique ; l'empereur Maximilien de Habsbourg mourut le 15 janvier 1519 (acte I, scène 3, vers 295) et l'élection de son successeur, Charles Quint (acte IV), eut lieu le 28 juin de la même année.

ACTE PREMIER

Le roi[1]

SARAGOSSE
Une chambre à coucher. La nuit. Une lampe sur une table.

SCÈNE PREMIÈRE. DOÑA JOSEFA DUARTE,

vieille ; en noir, avec le corps[2] de sa jupe cousu de jais,

à la mode d'Isabelle la Catholique[3],

DON CARLOS.

DOÑA JOSEFA, *seule.*

Elle ferme les rideaux cramoisis de la fenêtre et met en ordre quelques fauteuils. On frappe à une petite porte dérobée à droite. Elle écoute. On frappe un second coup.

Serait-ce déjà lui ?

Un nouveau coup.

          C'est bien à l'escalier

Dérobé.

Un quatrième coup.

        Vite, ouvrons !

Elle ouvre la petite porte masquée. Entre don Carlos, le manteau sur le nez et le chapeau sur les yeux.

            Bonjour, beau cavalier.

Elle l'introduit. Il écarte son manteau et laisse voir un riche costume de velours et de soie, à la mode castillane de 1519.

---

1. **Le roi :** titre donné à l'acte par Victor Hugo. Charles Ier (don Carlos) devint roi d'Espagne en 1516 et fut élu empereur germanique sous le nom de Charles Quint en 1519.
2. **Corps :** la partie du vêtement qui recouvre le buste.
3. **Isabelle la Catholique :** reine de Castille, puis d'Espagne (1451-1504).

Elle le regarde sous le nez et recule, étonnée.
Quoi, seigneur Hernani, ce n'est pas vous ! – Main-forte !
Au feu !

DON CARLOS, *lui saisissant le bras.*
Deux mots de plus, duègne[1], vous êtes morte !
Il la regarde fixement. Elle se tait effrayée.
5 Suis-je chez doña Sol ? fiancée au vieux duc
De Pastraña, son oncle, un bon seigneur, caduc,
Vénérable et jaloux ? Dites ? La belle adore
Un cavalier sans barbe et sans moustache encore,
Et reçoit tous les soirs, malgré les envieux,
10 Le jeune amant sans barbe à la barbe du vieux.
Suis-je bien informé ?
Elle se tait. Il la secoue par le bras.
Vous répondrez peut-être ?

DOÑA JOSEFA
Vous m'avez défendu de dire deux mots, maître.

DON CARLOS
Aussi n'en veux-je qu'un. – Oui, – non. – Ta dame est bien
Doña Sol de Silva ? parle.

DOÑA JOSEFA
Oui. – Pourquoi ?

DON CARLOS
Pour rien.
15 Le duc, son vieux futur[2], est absent à cette heure ?

DOÑA JOSEFA
Oui.

DON CARLOS
Sans doute elle attend son jeune ?

DOÑA JOSEFA
Oui.

DON CARLOS
Que je meure !

---

1. **Duègne :** gouvernante, souvent âgée.
2. **Futur :** fiancé.

DOÑA JOSEFA

Oui.

DON CARLOS

Duègne ! c'est ici qu'aura lieu l'entretien ?

DOÑA JOSEFA

Oui.

DON CARLOS

Cache-moi céans[1] !

DOÑA JOSEFA
Vous !

DON CARLOS
Moi.

DOÑA JOSEFA
Pourquoi ?

DON CARLOS

Pour rien.

DOÑA JOSEFA

Moi vous cacher !

DON CARLOS
Ici.

DOÑA JOSEFA
Jamais !

DON CARLOS, *tirant de sa ceinture*
une bourse et un poignard.
Daignez, madame,
20 Choisir de cette bourse ou bien de cette lame.

DOÑA JOSEFA, *prenant la bourse.*
Vous êtes donc le diable ?

DON CARLOS
Oui, duègne.

DOÑA JOSEFA, *ouvrant une armoire*
étroite dans le mur.
Entrez ici.

---

1. **Céans** : à l'intérieur (terme archaïque du XVIIᵉ siècle).

                DON CARLOS, *examinant l'armoire.*
Cette boîte !

                DOÑA JOSEFA, *la refermant.*
                Va-t'en si tu n'en veux pas !

                DON CARLOS, *rouvrant l'armoire.*
                                Si !

L'examinant encore.
Serait-ce l'écurie où tu mets d'aventure
Le manche du balai qui te sert de monture ?
Il s'y blottit avec peine.
25   Ouf !

                DOÑA JOSEFA, *joignant les mains avec scandale.*
                Un homme ici !

                DON CARLOS, *dans l'armoire restée ouverte.*
                        C'est une femme – est-ce pas[1] –
Qu'attendait ta maîtresse ?

                        DOÑA JOSEFA
                        Ô ciel ! j'entends le pas
De doña Sol. – Seigneur, fermez vite la porte.
Elle pousse la porte de l'armoire qui se referme.

                DON CARLOS, *de l'intérieur de l'armoire.*
Si vous dites un mot, duègne, vous êtes morte !

                DOÑA JOSEFA, *seule.*
Qu'est cet homme ? Jésus mon Dieu ! si j'appelais ?...
30   Qui ? – Hors Madame et moi, tout dort dans le palais.
– Bah ! l'autre va venir ; la chose le regarde.
Il a sa bonne épée, et que le ciel nous garde
De l'enfer !
Pesant la bourse.
                Après tout, ce n'est pas un voleur.
Entre doña Sol, en blanc. Doña Josefa cache la bourse.

---

1. **Est-ce pas** : cette suppression familière du premier terme de la négation permet ici de respecter la mesure de l'alexandrin. Ce procédé est employé plusieurs fois dans *Hernani*.

REPÈRES

• Cette scène initiale constitue la première étape de l'exposition. Quelles informations apporte-t-elle d'emblée au spectateur ? Peut-on identifier clairement le genre de l'œuvre proposée ?

OBSERVATION

• À quel type théâtral appartient le personnage de doña Josefa ?
• À l'aide d'exemples précis, vous direz quelle première impression don Carlos peut laisser sur le spectateur. Quel effet dramatique Victor Hugo prépare-t-il en laissant don Carlos incognito ?
• Quels renseignements sont fournis par les deux protagonistes sur la nature de l'intrigue ?
• À partir d'exemples précis, montrez les différentes fonctions des didascalies.
• Dans la préface de *Cromwell,* Victor Hugo préconise le mélange des genres ; montrez comment il s'opère dans cette scène, notamment dans l'emploi des différents procédés comiques.
• À l'aide de quelques exemples, étudiez les innovations prosodiques qui provoquèrent la colère des partisans d'une versification classique.

INTERPRÉTATIONS

• Proposez une lecture méthodique de cette scène à partir des deux axes suivants :
1) les éléments d'une scène d'exposition ;
2) la mise en œuvre des principes dramaturgiques du drame romantique.

SCÈNE 2. Doña Josefa, don Carlos, *caché*, doña Sol, *puis* Hernani.

DOÑA SOL

Josefa !

DOÑA JOSEFA

Madame !

DOÑA SOL
Ah ! je crains quelque malheur.
35 Hernani devrait être ici !
Bruit de pas à la petite porte.
Voici qu'il monte !
Ouvre avant qu'il ne frappe, et fais vite, et sois prompte !
Josefa ouvre la petite porte. Entre Hernani. Grand manteau,
grand chapeau. Dessous, un costume de montagnard d'Ara-
gon, gris, avec une cuirasse de cuir ; une épée, un poignard
et un cor à sa ceinture[1].
DOÑA SOL, *courant à lui.*
Hernani !

HERNANI
Doña Sol ! Ah ! c'est vous que je vois
Enfin ! et cette voix qui parle est votre voix !
Pourquoi le sort mit-il mes jours si loin des vôtres ?
40 J'ai tant besoin de vous pour oublier les autres !
DOÑA SOL, *touchant ses vêtements.*
Jésus ! votre manteau ruisselle ! il pleut donc bien ?

HERNANI
Je ne sais.

DOÑA SOL
Vous devez avoir froid ?

HERNANI
Ce n'est rien.

---

1. **Un costume [...] ceinture** : c'est l'habit de théâtre conventionnel du brigand d'honneur au début du XIXe siècle.

DOÑA SOL

Ôtez donc ce manteau !

HERNANI

Doña Sol, mon amie !

Dites-moi, quand la nuit vous êtes endormie,
45 Calme, innocente et pure, et qu'un sommeil joyeux
Entrouvre votre bouche et du doigt clôt vos yeux,
Un ange vous dit-il combien vous êtes douce
Au malheureux que tout abandonne et repousse ?

DOÑA SOL

Vous avez bien tardé, seigneur ! mais dites-moi
50 Si vous avez froid ?

HERNANI

Moi ! je brûle près de toi !
Ah ! quand l'amour jaloux bouillonne dans nos têtes,
Quand notre cœur se gonfle et s'emplit de tempêtes,
Qu'importe ce que peut un nuage des airs
Nous jeter en passant de tempête et d'éclairs !

DOÑA SOL, *lui défaisant son manteau.*
55 Allons ! donnez la cape et l'épée avec elle !

HERNANI, *la main sur son épée.*
Non. C'est mon autre amie, innocente et fidèle. –
Doña Sol, le vieux duc, votre futur époux,
Votre oncle, est donc absent ?

DOÑA SOL

Oui, cette heure est à nous.

HERNANI

Cette heure ! et voilà tout. Pour nous, plus rien qu'une
[heure,
60 Après, qu'importe ! Il faut qu'on oublie ou qu'on meure.
Ange ! une heure avec vous ! une heure, en vérité,
À qui voudrait la vie, et puis l'éternité !

DOÑA SOL

Hernani !

Sarah Bernhardt (1844-1923)
dans sa loge, en costume de doña Sol.

HERNANI, *amèrement.*
Que je suis heureux que le duc sorte !
Comme un larron[1] qui tremble et qui force une porte,
65 Vite, j'entre, et vous vois, et dérobe au vieillard
Une heure de vos chants et de votre regard,
Et je suis bien heureux, et sans doute on m'envie
De lui voler une heure, et lui me prend ma vie !
DOÑA SOL
Calmez-vous.
Remettant le manteau à la duègne.
Josefa, fais sécher le manteau.
Josefa sort.
Elle s'assied et fait signe à Hernani de venir près d'elle.
70 Venez là.
HERNANI, *sans l'entendre.*
Donc le duc est absent du château ?
DOÑA SOL, *souriant.*
Comme vous êtes grand !
HERNANI
Il est absent !
DOÑA SOL
Chère âme,
Ne pensons plus au duc.
HERNANI
Ah ! pensons-y, Madame !
Ce vieillard ! il vous aime, il va vous épouser !
Quoi donc ! vous prit-il pas l'autre jour un baiser ?
75 N'y plus penser !
DOÑA SOL, *riant.*
C'est là ce qui vous désespère !
Un baiser d'oncle ! au front ! presque un baiser de père !

---

1. **Larron** : voleur.

HERNANI

Non. Un baiser d'amant, de mari, de jaloux.

Ah ! vous serez à lui, Madame, y pensez-vous !

Ô l'insensé vieillard, qui, la tête inclinée,

80 Pour achever sa route et finir sa journée,

A besoin d'une femme, et va, spectre glacé,

Prendre une jeune fille ! Ô vieillard insensé !

Pendant que d'une main il s'attache à la vôtre,

Ne voit-il pas la mort qui l'épouse de l'autre ?

85 Il vient dans nos amours se jeter sans frayeur ?

Vieillard, va-t'en donner mesure au fossoyeur !

– Qui fait ce mariage ? on vous force, j'espère !

DOÑA SOL

Le roi, dit-on, le veut.

HERNANI

Le roi ! le roi ! mon père

Est mort sur l'échafaud, condamné par le sien[1].

90 Or, quoiqu'on ait vieilli depuis ce fait ancien,

Pour l'ombre du feu roi, pour son fils, pour sa veuve,

Pour tous les siens, ma haine est encor toute neuve !

Lui, mort, ne compte plus. Et, tout enfant, je fis

Le serment de venger mon père sur son fils.

95 Je te cherchais partout, Carlos, roi des Castilles[2] !

Car la haine est vivace entre nos deux familles.

Les pères ont lutté sans pitié, sans remords,

Trente ans ! Or, c'est en vain que les pères sont morts,

Leur haine vit. Pour eux la paix n'est point venue,

---

1. **Condamné par le sien** : Philippe Iᵉʳ le Beau, archiduc d'Autriche, épousa Jeanne la Folle (1479-1555) et devint roi de Castille en 1504. Il vint en Espagne en 1506 pour s'imposer avec difficulté auprès d'une cour hostile et mourut quelques mois plus tard à l'âge de 28 ans. D'un point de vue historique, les propos d'Hernani sont peu vraisemblables.

2. **Des Castilles** : la Vieille-Castille avait pour capitale **Burgos** et la Nouvelle-Castille, Madrid.

100 Car les fils sont debout, et le duel[1] continue.
   Ah ! c'est donc toi qui veux cet exécrable hymen !
   Tant mieux. Je te cherchais, tu viens dans mon chemin !

DOÑA SOL

Vous m'effrayez !

HERNANI
                     Chargé d'un mandat d'anathème[2],
   Il faut que j'en arrive à m'effrayer moi-même[3] !
105 Écoutez : l'homme auquel, jeune, on vous destina,
   Ruy de Silva, votre oncle, est duc de Pastrana,
   Riche homme[4] d'Aragon, comte et grand de Castille.
   À défaut de jeunesse, il peut, ô jeune fille,
   Vous apporter tant d'or, de bijoux, de joyaux,
110 Que votre front reluise entre des fronts royaux,
   Et pour le rang, l'orgueil, la gloire et la richesse,
   Mainte reine peut-être enviera sa duchesse !
   Voilà donc ce qu'il est. Moi, je suis pauvre, et n'eus,
   Tout enfant, que les bois où je fuyais pieds nus.
115 Peut-être aurais-je aussi quelque blason illustre
   Qu'une rouille de sang à cette heure délustre[5] ;
   Peut-être ai-je des droits, dans l'ombre ensevelis,
   Qu'un drap d'échafaud noir cache encor sous ses plis,
   Et qui, si mon attente un jour n'est pas trompée,
120 Pourront de ce fourreau sortir avec l'épée.
   En attendant, je n'ai reçu du ciel jaloux
   Que l'air, le jour et l'eau, la dot qu'il donne à tous.
   Or du duc ou de moi souffrez qu'on vous délivre.
   Il faut choisir des deux : l'épouser, ou me suivre.

---

1. **Duel** : pour respecter le nombre de syllabes de l'alexandrin, ce mot se prononce comme une monosyllabe (synérèse).
2. **Mandat d'anathème** : mission qui place au ban de la société celui qui en est l'objet.
3. **À m'effrayer moi-même** : à trouver le courage d'accomplir ma vengeance.
4. **Riche homme** : titre nobiliaire, traduction de l'espagnol *rico hombre* signifiant propriétaire terrien, seigneur puissant.
5. **Délustre** : perd son éclat.

DOÑA SOL

125 Je vous suivrai.

HERNANI

Parmi nos rudes compagnons,
Proscrits[1], dont le bourreau sait d'avance les noms,
Gens dont jamais le fer[2] ni le cœur ne s'émousse,
Ayant tous quelque sang à venger qui les pousse ?
Vous viendrez commander ma bande[3], comme on dit ?
130 Car, vous ne savez pas, moi, je suis un bandit[4] !
Quand tout me poursuivait dans toutes les Espagnes[5],
Seule, dans ses forêts, dans ses hautes montagnes,
Dans ses rocs, où l'on n'est que de l'aigle aperçu,
La vieille Catalogne en mère m'a reçu.
135 Parmi ses montagnards, libres, pauvres et graves,
Je grandis, et demain, trois mille de ses braves,
Si ma voix dans leurs monts fait résonner ce cor,
Viendront... – Vous frissonnez ! réfléchissez encor.
Me suivre dans les bois, dans les monts, sur les grèves,
140 Chez des hommes pareils aux démons de vos rêves.
Soupçonner tout, les yeux, les voix, les pas, le bruit.
Dormir sur l'herbe, boire au torrent, et la nuit
Entendre, en allaitant quelque enfant qui s'éveille,
Les balles des mousquets[6] siffler à votre oreille.
145 Être errante avec moi, proscrite, et s'il le faut
Me suivre où je suivrai mon père, – à l'échafaud.

DOÑA SOL

Je vous suivrai.

---

1. **Proscrits** : chez les Romains, ce terme désignait les condamnés à mort que le premier venu pouvait exécuter ; par la suite, il évoque ceux qu'une condamnation empêche de revenir chez eux.
2. **Le fer** : l'épée.
3. **Bande** : troupe armée.
4. **Un bandit** : ici, un banni, un proscrit.
5. **Les Espagnes** : les provinces espagnoles.
6. **Mousquets** : armes à feu, ancêtres des fusils.

HERNANI

Le duc est riche, grand, prospère.
Le duc n'a pas de tache au vieux nom de son père.
Le duc peut tout. Le duc vous offre avec sa main
150 Trésors, titres, bonheur...

DOÑA SOL

Nous partirons demain.
Hernani, n'allez pas sur mon audace étrange
Me blâmer. Êtes-vous mon démon ou mon ange ?
Je ne sais. Mais je suis votre esclave. Écoutez,
Allez où vous voudrez, j'irai. Restez, partez,
155 Je suis à vous. Pourquoi fais-je ainsi ? je l'ignore.
J'ai besoin de vous voir et de vous voir encore
Et de vous voir toujours. Quand le bruit de vos pas
S'efface, alors je crois que mon cœur ne bat pas,
Vous me manquez, je suis absente de moi-même ;
160 Mais dès qu'enfin ce pas que j'attends et que j'aime
Vient frapper mon oreille, alors il me souvient
Que je vis, et je sens mon âme qui revient !

HERNANI, la serrant dans ses bras.

Ange !

DOÑA SOL

À minuit. Demain. Amenez votre escorte.
Sous ma fenêtre. Allez, je serai brave et forte.
165 Vous frapperez trois coups.

HERNANI

Savez-vous qui je suis,
Maintenant ?

DOÑA SOL

Monseigneur, qu'importe ! je vous suis.

HERNANI

Non. Puisque vous voulez me suivre, faible femme,
Il faut que vous sachiez quel nom, quel rang, quelle âme,
Quel destin est caché dans le pâtre Hernani.
170 Vous voulez d'un brigand ? voulez-vous d'un banni ?

DON CARLOS, *ouvrant avec fracas*
la porte de l'armoire.

Quand aurez-vous fini de conter votre histoire ?
Croyez-vous donc qu'on soit à l'aise en cette armoire ?
Hernani recule étonné. Doña Sol pousse un cri et se réfugie
dans ses bras, en fixant sur don Carlos des yeux effarés.

HERNANI, *la main sur la garde de son épée.*
Quel est cet homme ?

DOÑA SOL
Ô ciel ! au secours !

HERNANI
Taisez-vous,
Doña Sol ! vous donnez l'éveil aux yeux jaloux.
175 Quand je suis près de vous, veuillez, quoi qu'il advienne,
Ne réclamer jamais d'autre aide que la mienne.
À don Carlos.
Que faisiez-vous là ?

DON CARLOS
Moi ? – Mais, à ce qu'il paraît,
Je ne chevauchais pas à travers la forêt.

HERNANI
Qui raille après l'affront s'expose à faire rire
180 Aussi son héritier !

DON CARLOS
Chacun son tour. – Messire[1],
Parlons franc. Vous aimez Madame et ses yeux noirs,
Vous y venez mirer les vôtres tous les soirs,
C'est fort bien. J'aime aussi Madame, et veux connaître
Qui j'ai vu tant de fois entrer par la fenêtre,
185 Tandis que je restais à la porte.

HERNANI
En honneur,
Je vous ferai sortir par où j'entre, seigneur.

---

1. **Messire** : titre donné aux nobles du Moyen Âge ; ici, son emploi archaïque participe à la coloration historique.

DON CARLOS

Nous verrons. J'offre donc mon amour à Madame.
Partageons. Voulez-vous ? J'ai vu dans sa belle âme
Tant d'amour, de bonté, de tendres sentiments,
190 Que Madame, à coup sûr, en a pour deux amants.
— Or, ce soir, voulant mettre à fin[1] mon entreprise,
Pris, je pense, pour vous, j'entre ici par surprise,
Je me cache, j'écoute, à ne vous celer rien ;
Mais j'entendais très mal et j'étouffais très bien.
195 Et puis, je chiffonnais ma veste à la française[2].
Ma foi, je sors !

HERNANI

Ma dague aussi n'est pas à l'aise
Et veut sortir !

DON CARLOS, *le saluant.*

Monsieur, c'est comme il vous plaira.

HERNANI, *tirant son épée.*

En garde !
Don Carlos tire son épée.

DOÑA SOL, *se jetant entre eux deux.*

Hernani ! Ciel !

DON CARLOS

Calmez-vous, señora.

HERNANI, *à don Carlos.*

Dites-moi votre nom.

DON CARLOS

Hé ! dites-moi le vôtre !

HERNANI

200 Je le garde, secret et fatal, pour un autre
Qui doit un jour sentir, sous mon genou vainqueur,
Mon nom à son oreille, et ma dague à son cœur !

DON CARLOS

Alors, quel est le nom de l'autre ?

---

1. **Mettre à fin** : faire aboutir.
2. **Ma veste à la française** : mon habit de cour à collet droit.

HERNANI
Que t'importe !

En garde ! défends-toi !
Ils croisent leurs épées. Doña Sol tombe tremblante sur un
fauteuil. On entend des coups à la porte.

DOÑA SOL, *se levant avec effroi.*
Ciel ! on frappe à la porte !
Les champions[1] s'arrêtent. Entre Josefa par la petite porte
et tout effarée.

HERNANI, *à Josefa.*
205 Qui frappe ainsi ?

DOÑA JOSEFA, *à doña Sol.*
Madame ! un coup inattendu !
C'est le duc qui revient !

DOÑA SOL, *joignant les mains.*
Le duc ! tout est perdu !

Malheureuse !

DOÑA JOSEFA, *jetant les yeux autour d'elle.*
Jésus ! l'inconnu ! des épées !
On se battait. Voilà de belles équipées[2] !
Les deux combattants remettent leurs épées dans le four-
reau. Don Carlos s'enveloppe dans son manteau et rabat
son chapeau sur ses yeux. On frappe.

HERNANI
Que faire ?
On frappe.

UNE VOIX, *au-dehors.*
Doña Sol, ouvrez-moi !
Doña Josefa fait un pas vers la porte. Hernani l'arrête.

HERNANI
N'ouvrez pas.

---

1. **Les champions :** les rivaux.
2. **Équipées :** aventures extravagantes.

DOÑA JOSEFA, *tirant son chapelet.*

210 Saint Jacques monseigneur[1], tirez-nous de ce pas !
On frappe de nouveau.

HERNANI, *montrant l'armoire à don Carlos.*
Cachons-nous.

DON CARLOS
Dans l'armoire ?

HERNANI
Entrez-y. Je m'en charge.
Nous y tiendrons tous deux.

DON CARLOS
Grand merci, c'est trop large.

HERNANI, *montrant la petite porte.*
Fuyons par là.

DON CARLOS
Bonsoir, pour moi, je reste ici.

HERNANI
Ah ! tête et sang, Monsieur ! Vous me paierez ceci !
À doña Sol.

215 Si je barricadais l'entrée ?

DON CARLOS, *à Josefa.*
Ouvrez la porte.

HERNANI
Que dit-il ?

DON CARLOS, *à Josefa interdite.*
Ouvrez donc, vous dis-je !
On frappe toujours. Doña Josefa va ouvrir en tremblant.

DOÑA SOL
Je suis morte !

---

1. **Saint Jacques monseigneur :** habitude médiévale d'ajouter ce titre au nom d'un saint en l'inversant. Les reliques de saint Jacques le Majeur sont vénérées à Compostelle (Galice).

REPÈRES

• Cette scène prolonge la précédente ; elle présente deux personnages principaux – le héros éponyme, Hernani, et doña Sol – et installe l'intrigue amoureuse et politique. Cependant, elle offre un fort
contraste ; relevez quelques éléments qui mettent en valeur celui-ci.

OBSERVATION

• Dans ses écrits théoriques, Victor Hugo condamne l'usage des
tirades ; or, celles-ci sont nombreuses dans *Hernani*. Quel rôle
jouent-elles ici ?
• Analysez brièvement la composition de la tirade d'Hernani
(v. 125-146) : que révèle-t-elle de la psychologie du personnage ?
Quels traits du héros romantique apparaissent ainsi ?
• À l'aide de quelques exemples, montrez comment la ponctuation
expressive (points d'interrogation, points d'exclamation) contribue
à créer la tension dramatique.
• Commentez le vers 146 ; que nous apprend-il sur Hernani ?
• Qualifiez l'expression de la passion de doña Sol dans son unique
tirade (v. 150-162). Justifiez votre réponse.
• Dans sa deuxième tirade (v. 88-102), Hernani s'adresse au roi don
Carlos, dont il ignore pourtant la présence ! Comment s'appelle
cette figure de style ? Quel effet produit-elle ? Sur le plan drama-
tique, qu'apporte la présence cachée de don Carlos ?
• Quelles conceptions de l'amour sont développées par Hernani,
doña Sol et don Carlos ?
• Quels effets produisent les deux coups de théâtre successifs ?
• Mettez en évidence les trois étapes de la scène.

INTERPRÉTATIONS

• À partir d'exemples précis, analysez ce premier portrait d'Hernani en
soulignant sa triple dimension : amoureuse, politique et romantique.

SCÈNE 3. LES MÊMES, DON RUY GOMEZ
DE SILVA, *barbe et cheveux blancs, en noir ;*
valets avec des flambeaux.

DON RUY GOMEZ

Des hommes chez ma nièce à cette heure de nuit !
Venez tous ! cela vaut la lumière et le bruit.
À doña Sol.
Par saint Jean d'Avila[1], je crois que, sur mon âme,
220 Nous sommes trois chez vous[2], c'est trop de deux,

[Madame.

Aux deux jeunes gens.
Mes jeunes cavaliers, que faites-vous céans[3] ? –
Quand nous avions le Cid et Bernard[4], ces géants
De l'Espagne et du monde allaient par les Castilles
Honorant les vieillards et protégeant les filles.
225 C'étaient des hommes forts et qui trouvaient moins lourds
Leur fer et leur acier que vous votre velours.
Ces hommes-là portaient respect aux barbes grises,
Faisaient agenouiller leur amour aux églises,
Ne trahissaient personne, et donnaient pour raison
230 Qu'ils avaient à garder l'honneur de leur maison.
S'ils voulaient une femme, ils la prenaient sans tache,
En plein jour, devant tous, et l'épée, ou la hache,
Ou la lance à la main ! – Et quant à ces félons
Qui, le soir, et les yeux tournés vers leurs talons,
235 Ne fiant qu'à la nuit leurs manœuvres infâmes,
Par-derrière aux maris volent l'honneur des femmes,

---

1. **Saint Jean d'Avila** : prédicateur espagnol (1500-1569), conseiller d'Ignace de Loyola, le fondateur de la Compagnie de Jésus. En fait, il sera canonisé à la fin du XIXᵉ siècle.
2. **Trois chez vous** : le manuscrit d'*Hernani* portait sur sa première page le sous-titre initial *Tres para una* (Trois pour une).
3. **Céans** : voir la note 1 p. 54.
4. **Le Cid et Bernard** : héros castillans du XIᵉ siècle.

J'affirme que le Cid[1], cet aïeul de nous tous,
Les eût tenus pour vils et fait mettre à genoux,
Et qu'il eût, dégradant leur noblesse usurpée,
240 Souffleté leur blason du plat de son épée !
Voilà ce que feraient, j'y songe avec ennui[2],
Les hommes d'autrefois aux hommes d'aujourd'hui.
– Qu'êtes-vous venus faire ici ? C'est donc à dire
Que je ne suis qu'un vieux dont les jeunes vont rire ?
245 On va rire de moi, soldat de Zamora[3].
Et quand je passerai, tête blanche, on rira !
Ce n'est pas vous du moins qui rirez !

HERNANI
Duc...

DON RUY GOMEZ
Silence !

Quoi ! vous avez l'épée, et la dague[4], et la lance,
La chasse, les festins, les meutes, les faucons,
250 Les chansons à chanter le soir sous les balcons,
Les plumes au chapeau, les casaques de soie,
Les bals, les carrousels[5], la jeunesse, la joie,
Enfants, l'ennui vous gagne ! À tout prix, au hasard,
Il vous faut un hochet. Vous prenez un vieillard !
255 Ah ! vous l'avez brisé, le hochet ! mais Dieu fasse
Qu'il vous puisse en éclats rejaillir à la face ! –
Suivez-moi !

HERNANI
Seigneur duc...

DON RUY GOMEZ
Suivez-moi ! Suivez-moi !
Messieurs ! avons-nous fait cela pour rire ? Quoi !

---

1. **Le Cid :** la référence au Cid cornélien est explicite.
2. **Ennui :** ici, chagrin, grande peine.
3. **Zamora :** ville de la région de León, célèbre pour des batailles (91-193) ;
Hugo produit donc un anachronisme pour renforcer la couleur hispanique.
4. **Dague :** épée courte.
5. **Carrousels :** parades à cheval.

Un trésor est chez moi : c'est l'honneur d'une fille,
260 D'une femme, l'honneur de toute une famille ;
Cette fille, je l'aime, elle est ma nièce, et doit
Bientôt changer sa bague à l'anneau de mon doigt[1].
Je la crois chaste et pure et sacrée à tout homme ;
Or il faut que je sorte une heure, et moi qu'on nomme
265 Ruy Gomez de Silva, je ne puis l'essayer
Sans qu'un larron d'honneur[2] se glisse à mon foyer !
Arrière ! lavez donc vos mains, hommes sans âmes,
Car, rien qu'en y touchant, vous nous tachez nos

[femmes !

Non. C'est bien. Poursuivez. Ai-je autre chose encor ?
Il arrache son collier.
270 Tenez, foulez aux pieds, foulez ma Toison d'or[3].
Il jette son chapeau.
Arrachez mes cheveux, faites-en chose vile !
Et vous pourrez demain vous vanter par la ville
Que jamais débauchés, dans leurs jeux insolents,
N'ont sur plus noble front souillé cheveux plus blancs !

DOÑA SOL
275 Monseigneur...

DON RUY GOMEZ, *à ses valets.*
Écuyers ! écuyers ! à mon aide !
Ma hache, mon poignard, ma dague de Tolède[4] !
Aux deux jeunes gens.
Et suivez-moi tous deux.

DON CARLOS, *faisant un pas.*
Duc, ce n'est pas d'abord
De cela qu'il s'agit. Il s'agit de la mort

---

1. **Changer sa bague à l'anneau de mon doigt** : m'épouser.
2. **Larron d'honneur** : séducteur.
3. **Toison d'or** : ordre de chevalerie fondé en 1429 par Philippe le Bon ; un mouton d'or était son insigne.
4. **Tolède** : ville de la Nouvelle-Castille, réputée pour ses manufactures d'armes blanches.

De Maximilien[1], empereur d'Allemagne.
Il jette son manteau, et découvre son visage caché par son chapeau.

DON RUY GOMEZ

280 Raillez-vous ?... Dieu ! le Roi !

DOÑA SOL
Le Roi !

HERNANI, *dont les yeux s'allument.*
Le Roi d'Espagne !

DON CARLOS, *gravement.*
Oui, Carlos. – Seigneur duc, es-tu donc insensé ?
Mon aïeul[2] l'empereur est mort. Je ne le sai[3]
Que de ce soir. Je viens tout en hâte et moi-même
Dire la chose à toi, féal[4] sujet que j'aime,
285 Te demander conseil, incognito, la nuit,
Et l'affaire est bien simple, et voilà bien du bruit !
Don Ruy Gomez renvoie ses gens d'un signe. Il s'approche de don Carlos que doña Sol examine avec crainte et surprise, et sur lequel Hernani, demeuré dans un coin, fixe des yeux étincelants.

DON RUY GOMEZ
Mais pourquoi tarder tant à m'ouvrir cette porte ?

DON CARLOS
Belle raison ! tu viens avec toute une escorte !
Quand un secret d'État m'amène en ton palais,
290 Duc, est-ce pour l'aller dire à tous tes valets ?

DON RUY GOMEZ
Altesse, pardonnez... l'apparence...

---

1. **La mort de Maximilien** : survenue le 12 janvier 1519 ; ainsi, par ces propos, l'action est datée.
2. **Mon aïeul** : son grand-père est l'empereur Maximilien Ier.
3. **Je ne le sai** : suppression poétique du « s » final pour favoriser la rime pour l'œil.
4. **Féal** : fidèle (terme féodal).

DON CARLOS
Bon père,
Je t'ai fait gouverneur du château de Figuère[1] ;
Mais qui dois-je à présent faire ton gouverneur[2] ?

DON RUY GOMEZ
Pardonnez...

DON CARLOS
Il suffit. N'en parlons plus, seigneur.
295 Donc l'empereur est mort.

DON RUY GOMEZ
L'aïeul de Votre Altesse
Est mort ?

DON CARLOS
Duc, tu m'en vois pénétré de tristesse.

DON RUY GOMEZ
Qui lui succède ?

DON CARLOS
Un duc de Saxe[3] est sur les rangs.
François Premier, de France[4], est un des concurrents.

DON RUY GOMEZ
Où vont se rassembler les électeurs d'empire ?

DON CARLOS
300 Ils ont choisi, je crois, Aix-la-Chapelle – ou Spire,
– Ou Francfort[5].

---

1. **Figuère** : ville espagnole de Figueras, située dans la province de Barcelone, à proximité de la frontière française.
2. **Ton gouverneur** : ici, précepteur ; la répétition du terme (voir le vers précédent) donne une valeur ironique au terme.
3. **Duc de Saxe** : Frédéric III de Saxe (1463-1525), d'abord candidat à l'Empire germanique ; il se retira finalement en faveur de don Carlos.
4. **François Premier, de France** : maître du Milanais, François Ier (1494-1547), qui jouit d'un certain prestige en Europe après sa victoire sur les Suisses de la Sainte Ligue (à Marignan, le 13 septembre 1515), se porta aussi candidat au trône impérial.
5. **Aix-la-Chapelle [...] Francfort** : trois villes allemandes ; en fait, l'élection impériale eut lieu à Francfort, mais Hugo prépare ainsi l'acte IV à Aix-la-Chapelle.

> DON RUY GOMEZ
>   Notre roi, dont Dieu garde les jours,
> N'a-t-il pensé jamais à l'empire ?

> DON CARLOS
>   Toujours.

> DON RUY GOMEZ
> C'est à vous qu'il revient[1].

> DON CARLOS
>   Je le sais.

> DON RUY GOMEZ
>   Votre père
> Fut archiduc d'Autriche[2], et l'empire, j'espère,
> 305 Aura ceci présent, que c'était votre aïeul
> Celui qui vient de choir de la pourpre au linceul[3].

> DON CARLOS
> Et puis on est[4] bourgeois de Gand[5].

> DON RUY GOMEZ
>   Dans mon jeune âge
> Je le vis, votre aïeul. Hélas ! seul je surnage
> D'un siècle tout entier. Tout est mort à présent.
> 310 C'était un empereur magnifique et puissant.

> DON CARLOS
> Rome[6] est pour moi.

---

1. **C'est à vous qu'il revient :** par filiation, don Carlos est effectivement le chef de la maison d'Autriche (voir note 2 p. 73).
2. **Archiduc d'Autriche :** le père de don Carlos, Philippe le Beau, est le fils de l'empereur Maximilien Ier.
3. **Choir de la pourpre au linceul :** tomber du trône impérial à la tombe ; la pourpre désigne ici le pouvoir impérial et le linceul la mort (c'est une figure de style appelée métonymie ; voir p. 269).
4. **On est :** je suis.
5. **Bourgeois de Gand :** don Carlos avait hérité de cette ville du comté de Flandre par sa grand-mère, Marie de Bourgogne.
6. **Rome :** le pape Léon X participait activement aux différentes tractations et soutint le futur Charles Quint.

DON RUY GOMEZ
Vaillant, ferme, point tyrannique.
Cette tête allait bien au vieux corps germanique !
Il s'incline sur les mains du roi et les baise.
Que je vous plains ! – Si jeune, en un tel deuil plongé !

DON CARLOS
Le pape veut ravoir la Sicile que j'ai ;
315 Un empereur ne peut posséder la Sicile[1].
Il me fait empereur : alors, en fils docile,
Je lui rends Naple[2]. Ayons l'aigle[3], et puis nous verrons
Si je lui laisserai rogner les ailerons.

DON RUY GOMEZ
Qu'avec joie il verrait, ce vétéran du trône[4],
320 Votre front déjà large aller à sa couronne !
Ah ! seigneur, avec vous nous le pleurerons bien
Cet empereur très grand, très bon et très chrétien !

DON CARLOS
Le Saint-Père est adroit. – Qu'est-ce que la Sicile ?
C'est une île qui pend à mon royaume, une île,
325 Une pièce, un haillon, qui, tout déchiqueté,
Tient à peine à l'Espagne et qui traîne à côté.
– Que ferez-vous, mon fils, de cette île bossue,
Au monde impérial au bout d'un fil cousue[5] ?
Votre empire est mal fait : vite, venez ici,
330 Des ciseaux ! et coupons ! – Très Saint-Père, merci !

---

1. **Ne peut posséder la Sicile** : depuis le soulèvement de 1282 contre les
Français et Charles Ier d'Anjou (qui s'acheva par le massacre des « Vêpres
siciliennes »), la Sicile était passée sous le contrôle de la maison d'Aragon en
1441.
2. **Naple** : licence poétique pour Naples ; elle permet de respecter la mesure
de l'alexandrin.
3. **L'aigle** : emblème qui représente l'Empire (dans ce cas, le terme est
féminin).
4. **Ce vétéran du trône** : cet ancien détenteur du trône (Maximilien Ier de
Habsbourg).
5. **Au monde impérial au bout d'un fil cousue** : cousue au monde impérial
par le bout d'un fil (inversion).

Car de ces pièces-là, si j'ai bonne fortune,
Je compte au saint-empire en recoudre plus d'une,
Et si quelques lambeaux m'en étaient arrachés,
Rapiécer mes États d'îles et de duchés !

DON RUY GOMEZ

335 Consolez-vous ! Il est un empire des justes
Où l'on revoit les morts plus saints et plus augustes !

DON CARLOS

Ce roi François Premier, c'est un ambitieux[1] !
Le vieil empereur mort, vite ! il fait les doux yeux
À l'empire ! A-t-il pas sa France très chrétienne ?
340 Ah ! la part est pourtant belle, et vaut qu'on s'y tienne !
L'empereur mon aïeul disait au roi Louis :
– Si j'étais Dieu le père, et si j'avais deux fils,
Je ferais l'aîné Dieu, le second roi de France. –
Au duc.
Crois-tu que François puisse avoir quelque espérance ?

DON RUY GOMEZ

345 C'est un victorieux[2].

DON CARLOS

                    Il faudrait tout changer.
La bulle d'or[3] défend d'élire un étranger.

DON RUY GOMEZ

À ce compte, Seigneur, vous êtes roi d'Espagne ?

DON CARLOS

Je suis bourgeois de Gand.

---

1. **Ambitieux :** pour respecter la mesure de l'alexandrin, il faut prononcer « am-bi-ti-eux » (diérèse).
2. **Victorieux :** diérèse (vic-to-ri-eux).
3. **La bulle d'or :** constitution latine de trente et un chapitres scellée d'or et promulguée par l'empereur Charles IV à Nuremberg (10 janvier 1356) et à Metz (25 décembre 1356) ; elle fixait les modalités de l'élection des empereurs allemands.

DON RUY GOMEZ
La dernière campagne[1]
A fait monter bien haut le roi François Premier.

DON CARLOS
350 L'aigle qui va peut-être éclore à mon cimier[2]
Peut aussi déployer ses ailes.

DON RUY GOMEZ
Votre Altesse
Sait-elle le latin[3] ?

DON CARLOS
Mal.

DON RUY GOMEZ
Tant pis. La noblesse
D'Allemagne aime fort qu'on lui parle latin.

DON CARLOS
Ils se contenteront d'un espagnol hautain[4],
355 Car il importe peu, croyez-en le roi Charle,
Quand la voix parle haut, quelle langue elle parle.
– Je vais en Flandre. Il faut que ton roi, cher Silva,
Te revienne empereur. Le roi de France va
Tout remuer. Je veux le gagner de vitesse.
360 Je partirai sous peu.

DON RUY GOMEZ
Vous nous quittez, Altesse,
Sans purger l'Aragon[5] de ces nouveaux bandits
Qui partout dans nos monts lèvent leurs fronts hardis ?

---

1. **La dernière campagne** : celle de François Ier en Italie, marquée par sa victoire à Marignan, la signature d'un concordat avec le pape Léon X (1516) et une alliance perpétuelle avec les Suisses.
2. **Cimier** : ornement de la partie supérieure du casque.
3. **Latin** : langue officielle de l'Empire.
4. **Espagnol hautain** : don Carlos fut éduqué dans un milieu bourguignon où régnait une influence castillane et autrichienne, mais sa langue naturelle était le français...
5. **Aragon** : après le mariage de Ferdinand II d'Aragon avec Isabelle Ire de Castille (1469), les deux royaumes réunis en 1479 constituèrent les fondements de la monarchie espagnole.

DON CARLOS
J'ordonne au duc d'Arcos d'exterminer la bande.

DON RUY GOMEZ
Donnez-vous aussi l'ordre au chef qui la commande
365 De se laisser faire ?

DON CARLOS
Hé ! quel est ce chef ? son nom ?

DON RUY GOMEZ
Je l'ignore. On le dit un rude compagnon.

DON CARLOS
Bah ! je sais que pour l'heure il se cache en Galice[1],
Et j'en aurai raison avec quelque milice[2].

DON RUY GOMEZ
De faux avis alors le disaient près d'ici.

DON CARLOS
370 Faux avis ! – Cette nuit tu me loges.

DON RUY GOMEZ, *s'inclinant jusqu'à terre.*
Merci,

Altesse !
Il appelle ses valets.
Faites tous honneur au roi mon hôte !
Les valets rentrent avec des flambeaux. Le duc les range sur deux haies jusqu'à la porte du fond. Cependant, doña Sol s'approche lentement d'Hernani. Le roi les épie tous deux.

DOÑA SOL, *bas à Hernani.*
Demain, sous ma fenêtre, à minuit, et sans faute.
Vous frapperez des mains trois fois.

HERNANI, *bas.*
Demain.

DON CARLOS, *à part.*
Demain !
Haut à doña Sol vers laquelle il fait un pas avec galanterie.
Souffrez que pour rentrer je vous offre la main.

_____

1. **Galice** : région du nord-ouest de l'Espagne.
2. **Milice** : troupe militaire.

Il la reconduit à la porte. Elle sort.

HERNANI, *la main dans sa poitrine sur la poignée de sa dague.*

375 Mon bon poignard !

DON CARLOS, *revenant, à part.*
Notre homme a la mine attrapée[1].

Il prend à part Hernani.

Je vous ai fait l'honneur de toucher votre épée[2],
Monsieur. Vous me seriez suspect pour cent raisons.
Mais le roi don Carlos répugne aux trahisons.
Allez. Je daigne encor protéger votre fuite.

DON RUY GOMEZ, *revenant et montrant Hernani.*
380 Qu'est ce seigneur ?

DON CARLOS
Il part. C'est quelqu'un de ma suite.

Ils sortent avec les valets et les flambeaux, le duc précédant le roi, une cire à la main.

---

1. **La mine attrapée** : l'air déçu.
2. **L'honneur de toucher votre épée** : à la scène précédente, don Carlos (alors incognito) et Hernani ont croisé leurs épées.

SCÈNE 4. HERNANI, *seul.*

Oui, de ta suite, ô roi ! de ta suite ! – j'en suis.
Nuit et jour, en effet, pas à pas, je te suis !
Un poignard à la main, l'œil fixé sur ta trace,
Je vais ! Ma race en moi poursuit en toi ta race !
385 Et puis, te voilà donc mon rival ! un instant
Entre aimer et haïr je suis resté flottant,
Mon cœur pour elle et toi n'était point assez large,
J'oubliais en l'aimant ta haine qui me charge,
Mais puisque tu le veux, puisque c'est toi qui viens
390 Me faire souvenir, c'est bon, je me souviens !
Mon amour fait pencher la balance incertaine
Et tombe tout entier du côté de ma haine.
Oui, je suis de ta suite, et c'est toi qui l'as dit !
Va, jamais courtisan de ton lever maudit,
395 Jamais seigneur baisant ton ombre, ou majordome[1]
Ayant à te servir abjuré[2] son cœur d'homme,
Jamais chiens de palais dressés à suivre un roi,
Ne seront sur tes pas plus assidus que moi !
Ce qu'ils veulent de toi, tous ces grands de Castille,
400 C'est quelque titre creux, quelque hochet qui brille,
C'est quelque mouton d'or[3] qu'on se va pendre au cou ;
Moi, pour vouloir si peu je ne suis pas si fou !
Ce que je veux de toi, ce n'est point faveurs vaines,
C'est l'âme de ton corps, c'est le sang de tes veines.
405 C'est tout ce qu'un poignard, furieux et vainqueur,
En y fouillant longtemps peut prendre au fond d'un
[cœur !
Va devant ! Je te suis. Ma vengeance qui veille
Avec moi toujours marche et me parle à l'oreille !

---

1. **Majordome** : chef des domestiques et du service intérieur dans la maison
d'un prince.
2. **Abjuré** : renoncé à.
3. **Quelque mouton d'or** : voir la note 3 p. 72.

Hernani (Aurélien Recoing).
Mise en scène d'Antoine Vitez, Théâtre national de Chaillot, 1985.

Va ! je suis là, j'épie et j'écoute, et sans bruit
410 Mon pas cherche ton pas et le presse et le suit !
Le jour tu ne pourras, ô roi, tourner la tête,
Sans me voir immobile et sombre dans ta fête,
La nuit tu ne pourras tourner les yeux, ô roi,
Sans voir mes yeux ardents luire derrière toi !
Il sort par la petite porte.

Repères

• Avec l'arrivée impromptue de don Ruy Gomez, tous les protagonistes du drame sont maintenant présents ; pourtant, sur le plan dramaturgique, un élément rend encore l'exposition incomplète : quel est-il ? Par quel procédé déjà utilisé Victor Hugo achève-t-il son exposition ?

Observation

• Le lamento de don Ruy Gomez se développe sur trois tirades (v. 217-247 ; v. 247-257 ; v. 257-274) ; identifiez le thème central de chacune d'elles et montrez qu'elles participent à la progression d'une rhétorique qui n'a qu'une seule finalité ; que nous apprend-elle sur le personnage ?
• Quelle intrigue est maintenant clairement exposée ? Retrouvez dans la première tirade de don Ruy Gomez l'alexandrin qui résume bien la nature conflictuelle de cette intrigue.
• Quel coup de théâtre survient dans la scène 3 ? Quels effets produit-il ?
• La première partie du dialogue (v. 294-360) entre don Carlos et don Ruy Gomez introduit la dimension historique du drame ; quel effet cela produit-il sur la progression dramatique ? Quel acte prépare ainsi Victor Hugo ?
• Relevez trois figures de style par lesquelles s'exprime la soif de vengeance d'Hernani dans son monologue.
• Quels sont les deux champs lexicaux qui s'opposent du vers 385 au vers 392 ? Que révèlent-ils sur la psychologie du personnage ?

Interprétations

• La scène 3 révèle la complexité de don Carlos ; à partir d'exemples précis choisis dans ce premier acte, analysez les traits majeurs de ce personnage.
• Faites un commentaire composé de la scène 4 en montrant en quoi elle exprime une rivalité et traduit le caractère obsessionnel de la vengeance d'un personnage tragique.

Un drame exemplaire

L'acte d'exposition d'*Hernani* met en application la plupart des principes théoriques du drame romantique développés dans la préface de *Cromwell*. D'emblée, le spectateur est plongé dans l'action (*in media res*) dans un lieu intime (« *Une chambre à coucher* ») ; le mélange des genres préconisé s'impose : les deux premières scènes, par leur tonalité comique et la variété des situations, du lexique, relèvent de la comédie, tandis que les deux suivantes développent progressivement une atmosphère plus grave, proche de la tonalité tragique, et installent la dimension historique dans laquelle s'inscriront les personnages principaux. La liberté prosodique revendiquée se manifeste aussi dès le début de la pièce par le rejet de « *Dérobé* » au deuxième vers ; par la suite, l'abondance des vers brisés, qui restituent la vivacité des dialogues, confirme l'affranchissement des contraintes classiques.

Une double intrigue

Cet acte met en place les deux intrigues qui se conjugueront et animeront le processus dramatique : l'intrigue sentimentale, qui met aux prises trois rivaux (Hernani, don Carlos, don Ruy Gomez) pour une femme (doña Sol) ; le sous-titre initial était d'ailleurs *Tres para una* (Trois pour une) ; en dévoilant, dans la scène 3, son identité et son ambition de devenir empereur, don Carlos amorce l'intrigue historique et politique et se désigne à la vengeance d'Hernani.

Des personnages en quête d'identité

Les personnages apparaissent engagés dans une dynamique d'action qui dépasse le simple engagement verbal et exprime leur quête d'identité : doña Sol, courtisée par trois hommes, doit choisir ; don Ruy Gomez, niant son âge et sa parenté avec elle, se pose en rival amoureux ; don Carlos oscille entre libertinage et ambition politique ; enfin, Hernani agit, mais dissimule sa véritable identité…

Hernani, l'archétype du héros romantique

Dès son apparition, le personnage éponyme du drame offre l'image d'un être tourmenté, animé par des sentiments contradictoires (amour/haine), par le sens du devoir et de l'honneur ; banni et solitaire, il vit sur un mode exalté son rapport à autrui.

ACTE II

Le bandit

Un patio[1] du palais de Silva. – À gauche, les grands murs du palais, avec une fenêtre à balcon. Au-dessous de la fenêtre, une petite porte. À droite et au fond, des maisons et des rues. – Il est nuit. On voit briller çà et là, aux façades des édifices, quelques fenêtres encore éclairées.

Scène première. Don Carlos, don Sancho Sanchez de Zuniga, *comte de Monterey,* don Matias Centurion, *marquis d'Almuñan,* Don Ricardo de Roxas, *seigneur de Casapalma.*

Ils arrivent tous quatre, don Carlos en tête, chapeaux rabattus, enveloppés de longs manteaux dont leurs épées soulèvent le bord inférieur.

Don Carlos, *examinant le balcon.*

415 Voilà bien le balcon, la porte... mon sang bout.
Montrant la fenêtre qui n'est pas éclairée.
Pas de lumière encor !
Il promène ses yeux sur les autres croisées[2] éclairées.

Des lumières partout

Où je n'en voudrais pas, hors à cette fenêtre
Où j'en voudrais !

---

1. **Patio** : cour intérieure à ciel ouvert servant de lieu de promenade.
2. **Croisées** : fenêtres.

DON SANCHO
Seigneur, reparlons de ce traître.
Et vous l'avez laissé partir !

DON CARLOS
Comme tu dis !

DON MATIAS
420 Et peut-être c'était le major[1] des bandits !

DON CARLOS
Qu'il en soit le major ou bien le capitaine,
Jamais roi couronné n'eut mine plus hautaine.

DON SANCHO
Son nom, seigneur ?

DON CARLOS, *les yeux fixés sur la fenêtre.*
Muñoz... Fernan...
Avec le geste d'un homme qui se rappelle tout à coup.
Un nom en i !

DON SANCHO
Hernani, peut-être ?

DON CARLOS
Oui.

DON SANCHO
C'est lui !

DON MATIAS
C'est Hernani !
425 Le chef !

DON SANCHO, *au roi.*
De ses propos vous reste-t-il mémoire ?

DON CARLOS, *qui ne quitte pas la fenêtre des yeux.*
Hé ! je n'entendais rien dans leur maudite armoire !

DON SANCHO
Mais pourquoi le lâcher lorsque vous le tenez ?
Don Carlos se tourne gravement et le regarde en face.

---

1. **Major** : officier supérieur chargé de l'administration du service.

DON CARLOS

Comte de Monterey, vous me questionnez[1].

Les deux seigneurs reculent et se taisent.

Et d'ailleurs, ce n'est point le souci qui m'arrête.

430 J'en veux à sa maîtresse et non point à sa tête.

J'en suis amoureux fou ! Les yeux noirs les plus beaux,

Mes amis ! deux miroirs ! deux rayons ! deux

[flambeaux !

Je n'ai rien entendu de toute leur histoire

Que ces trois mots : – Demain, venez à la nuit noire !

435 Mais c'est l'essentiel[2]. Est-ce pas[3] excellent ?

Pendant que ce bandit, à mine de galant,

S'attarde à quelque meurtre, à creuser quelque tombe,

Je viens tout doucement dénicher sa colombe.

DON RICARDO

Altesse, il eût fallu, pour compléter le tour,

440 Dénicher la colombe en tuant le vautour.

DON CARLOS, *à don Ricardo.*

Comte ! un digne conseil ! vous avez la main prompte !

DON RICARDO, *s'inclinant profondément.*

Sous quel titre plaît-il au roi que je sois comte ?

DON SANCHO, *vivement.*

C'est méprise !

DON RICARDO, *à don Sancho.*

Le roi m'a nommé comte.

DON CARLOS

Assez !

Bien.

À Ricardo.

J'ai laissé tomber ce titre. Ramassez.

---

1. **Vous me questionnez** : don Carlos rappelle ici que personne n'a le droit d'interroger le roi sur sa conduite. Pour respecter la mesure de l'alexandrin, le verbe se prononce avec une diérèse (ques-ti-on-nez).
2. **L'essentiel** : diérèse (l'es-sen-ti-el).
3. **Est-ce pas** : voir la note 1 p. 55.

DON RICARDO, *s'inclinant de nouveau.*
445 Merci, seigneur !

DON SANCHO, *à don Matias.*
Beau comte ! un comte de surprise !
Le roi se promène au fond du théâtre, examinant avec impatience les fenêtres éclairées. Les deux seigneurs causent sur le devant de la scène.

DON MATIAS, *à don Sancho.*
Mais que fera le roi, la belle une fois prise ?

DON SANCHO, *regardant Ricardo de travers.*
Il la fera comtesse, et puis dame d'honneur.
Puis qu'il en ait un fils, il sera roi.

DON MATIAS
Seigneur !
Allons donc, un bâtard ! Comte, fût-on altesse,
450 On ne saurait tirer un roi d'une comtesse !

DON SANCHO
Il la fera marquise ; alors, mon cher marquis...

DON MATIAS
On garde les bâtards pour les pays conquis.
On les fait vice-rois[1]. C'est à cela qu'ils servent.
Don Carlos revient.

DON CARLOS, *regardant avec colère*
toutes les fenêtres éclairées.
Dirait-on pas des yeux jaloux qui nous observent ?
455 Enfin ! en voilà deux qui s'éteignent ! allons !
Messieurs, que les instants de l'attente sont longs !
Qui fera marcher l'heure avec plus de vitesse ?

DON SANCHO
C'est ce que nous disons souvent chez Votre Altesse.

DON CARLOS
Cependant que chez vous mon peuple le redit.
La dernière fenêtre éclairée s'éteint.

---

1. **Vice-rois** : régents qui représentaient le roi (en Flandre, en Sicile) ; ils bénéficiaient d'honneurs et de profits importants.

460 — La dernière est éteinte ! —
Tourné vers le balcon de doña Sol, toujours noir.
Ô vitrage maudit !
Quand t'éclaireras-tu ? – Cette nuit est bien sombre !
Doña Sol, viens briller comme un astre dans l'ombre !
À don Ricardo.
Quelle heure est-il ?

DON RICARDO
Minuit bientôt.

DON CARLOS
Il faut finir
Pourtant ! À tout moment l'autre peut survenir.
La fenêtre de doña Sol s'éclaire. On voit son ombre se des-siner sur les vitraux lumineux.
465 Mes amis ! un flambeau ! son ombre à la fenêtre !
Jamais jour ne me fut plus charmant à voir naître.
Hâtons-nous ! faisons-lui le signal qu'elle attend.
Il faut frapper des mains trois fois. – Dans un instant,
Mes amis, vous allez la voir !... – Mais notre nombre
470 Va l'effrayer peut-être... – Allez tous trois dans l'ombre,
Là-bas, épier[1] l'autre. Amis, partageons-nous
Les deux amants. Tenez, à moi la dame, à vous
Le brigand.

DON RICARDO
Grand merci !

DON CARLOS
S'il vient, de l'embuscade
Sortez vite, et poussez au drôle une estocade[2].
475 Pendant qu'il reprendra ses esprits sur le grès[3],
J'emporterai la belle, et nous rirons après.
N'allez pas cependant le tuer ! C'est un brave
Après tout, et la mort d'un homme est chose grave.

---

1. **Épier** : diérèse (é-pi-er).
2. **Estocade** : coup donné avec la pointe de l'épée (estoc).
3. **Grès** : pavé (en grès).

Les deux seigneurs s'inclinent et sortent. Don Carlos les laisse s'éloigner, puis frappe des mains à deux reprises. À la deuxième fois la fenêtre s'ouvre, et doña Sol paraît en blanc sur le balcon.

SCÈNE 2. DON CARLOS, DOÑA SOL.

DOÑA SOL, *au balcon.*
Est-ce vous, Hernani ?

DON CARLOS, *à part.*
Diable ! ne parlons pas !
Il frappe de nouveau des mains.

DOÑA SOL

480 Je descends.
Elle referme la fenêtre, dont la lumière disparaît. Un moment après, la petite porte s'ouvre, et doña Sol en sort sa lampe à la main, sa mante[1] sur les épaules.

DOÑA SOL, *entrouvrant la porte.*
Hernani !
Don Carlos rabat son chapeau sur son visage et s'avance précipitamment vers elle.

DOÑA SOL, *laissant tomber sa lampe.*
Dieu ! ce n'est point son pas !
Elle veut rentrer. Don Carlos court à elle et la retient par le bras.

DON CARLOS
Doña Sol !

DOÑA SOL
Ce n'est point sa voix ! Ah ! malheureuse !

DON CARLOS
Eh ! quelle voix veux-tu, qui soit plus amoureuse ?
C'est toujours un amant, et c'est un amant roi !

---

1. **Mante** : cape très ample.

DOÑA SOL

Le roi !

DON CARLOS

Souhaite, ordonne, un royaume est à toi !
485 Car celui dont tu veux briser la douce entrave
C'est le roi ton seigneur ! c'est Carlos ton esclave !

DOÑA SOL, *cherchant à se dégager de ses bras.*

Au secours, Hernani !

DON CARLOS

Le juste et digne effroi !
Ce n'est pas ton bandit qui te tient, c'est le roi !

DOÑA SOL

Non. Le bandit, c'est vous. – N'avez-vous pas de honte ?
490 Ah ! pour vous à la face une rougeur me monte.
Sont-ce là les exploits dont le roi fera bruit[1] ?
Venir ravir de force une femme la nuit !
Que mon bandit vaut mieux cent fois ! Roi, je proclame
Que, si l'homme naissait où le place son âme,
495 Si Dieu faisait le rang à la hauteur du cœur,
Certe, il serait le roi, prince, et vous le voleur !

DON CARLOS, *essayant de l'attirer.*

Madame...

DOÑA SOL

Oubliez-vous que mon père était comte ?

DON CARLOS

Je vous ferai duchesse.

DOÑA SOL, *le repoussant.*

Allez ! c'est une honte !

Elle recule de quelques pas.

Il ne peut être rien entre nous[2], don Carlos.
500 Mon vieux père a pour vous versé son sang à flots.
Moi je suis fille noble, et de ce sang jalouse.

_____

1. **Fera bruit** : se vantera.
2. **Il ne peut être rien entre nous** : il ne peut y avoir rien de commun entre nous.

Trop pour la concubine, et trop peu pour l'épouse !
DON CARLOS
Princesse[1] !
DOÑA SOL
Roi Carlos, à des filles de rien
Portez votre amourette, ou je pourrais fort bien,
505 Si vous m'osez traiter d'une façon infâme,
Vous montrer que je suis dame, et que je suis femme !
DON CARLOS
Eh bien ! partagez donc et mon trône et mon nom.
Venez ! vous serez reine, impératrice !
DOÑA SOL
Non.
C'est un leurre. – Et d'ailleurs, Altesse, avec franchise,
510 S'agit-il pas de vous[2], s'il faut que je le dise,
J'aime mieux avec lui, mon Hernani, mon roi,
Vivre errante, en dehors du monde et de la loi,
Ayant faim, ayant soif, fuyant toute l'année,
Partageant jour à jour sa pauvre destinée,
515 Abandon, guerre, exil, deuil, misère et terreur,
Que d'être impératrice avec un empereur !
DON CARLOS
Que cet homme est heureux !
DOÑA SOL
Quoi ! pauvre, proscrit
[même !...
DON CARLOS
Qu'il fait bien d'être pauvre et proscrit, puisqu'on l'aime !
– Moi, je suis seul ! – Un ange accompagne ses pas !
520 – Donc vous me haïssez ?
DOÑA SOL
Je ne vous aime pas.

---

1. **Princesse** : sous-entendu « je vous ferai princesse » (voir le vers 498).
2. **S'agit-il pas de vous** : même s'il ne s'agissait pas de vous.

DON CARLOS, *la saisissant avec violence.*
Eh bien ! que vous m'aimiez ou non, cela n'importe !
Vous viendrez, et ma main plus que la vôtre est forte.
Vous viendrez ! je vous veux ! Pardieu, nous verrons bien
Si je suis roi d'Espagne et des Indes[1] pour rien !

DOÑA SOL, *se débattant.*

525 Seigneur ! oh ! par pitié ! – Quoi ! vous êtes altesse !
Vous êtes roi. Duchesse, ou marquise, ou comtesse,
Vous n'avez qu'à choisir. Les femmes de la cour
Ont toujours un amour tout prêt pour votre amour.
Mais mon proscrit, qu'a-t-il reçu du Ciel avare ?
530 Ah ! vous avez Castille, Aragon et Navarre[2],
Et Murcie[3], et León, dix royaumes encor[4] !
Et les Flamands[5], et l'Inde avec les mines d'or !
Vous avez un empire auquel nul roi ne touche,
Si vaste, que jamais le soleil ne s'y couche[6].
535 Et quand vous avez tout, voudrez-vous, vous, le roi,
Me prendre, pauvre fille, à lui qui n'a que moi ?
Elle se jette à ses genoux. Il cherche à l'entraîner.

DON CARLOS

Viens ! Je n'écoute rien ! Viens ! Si tu m'accompagnes,
Je te donne, choisis, quatre de mes Espagnes[7] !
Dis, lesquelles veux-tu ? Choisis !
Elle se débat dans ses bras.

---

1. **Des Indes :** les Indes occidentales, c'est-à-dire les territoires américains conquis par les Espagnols depuis 1492.
2. **Navarre :** ancien royaume du nord de l'Espagne.
3. **Murcie :** ville et province du sud-est de l'Espagne.
4. **Encor :** orthographe admise pour « encore » ; elle permet la rime pour l'œil.
5. **Flamands :** le roi possédait les Flandres et les Pays-Bas par héritage des ducs de Bourgogne.
6. **Jamais le soleil ne s'y couche :** le soleil éclaire toujours une partie de ce vaste empire ; dans le *Don Carlos* de Schiller (1787), Philippe II prononce une formule identique.
7. **De mes Espagnes :** voir la note 5 p. 63.

DOÑA SOL
                    Pour mon honneur,
540 Je ne veux rien de vous que ce poignard, seigneur !
Elle lui arrache le poignard de sa ceinture. Il la lâche et
recule.
Avancez maintenant ! faites un pas !

DON CARLOS
                    La belle !
Je ne m'étonne plus si l'on aime un rebelle !
Il veut faire un pas. Elle lève le poignard.

DOÑA SOL
Pour un pas, je vous tue et me tue !
Il recule encore. Elle se détourne et crie avec force.
                    Hernani !
Hernani !

DON CARLOS
        Taisez-vous !

DOÑA SOL, *le poignard levé.*
                    Un pas ! tout est fini.

DON CARLOS
545 Madame ! à cet excès ma douceur est réduite.
J'ai là pour vous forcer trois hommes de ma suite...

        HERNANI, *surgissant tout à coup derrière lui.*
Vous en oubliez un !
Le roi se retourne et voit Hernani, immobile derrière lui,
dans l'ombre, les bras croisés sous le long manteau qui
l'enveloppe, et le large bord de son chapeau relevé. – Doña
Sol pousse un cri, court à Hernani et l'entoure de ses bras.

Repères

• À la fin de la scène 3 de l'acte précédent, don Carlos a surpris le rendez-vous pris par Hernani et doña Sol ; il a décidé d'enlever celle-ci avec l'aide de trois de ses courtisans. En comparant la fin de l'acte I, qui s'achève sur le sombre monologue d'Hernani, et le début de l'acte II, vous direz quel principe romantique Victor Hugo met en œuvre.

Observation

• Montrez le rôle que jouent les didascalies dans la scène 1, notamment dans le discours de don Carlos.
• Quelle tonalité introduit l'échange entre les personnages de courtisans (v. 439-453) ?
• Dans le discours amoureux du roi, quel champ lexical revient le plus souvent ? De quel élément précis est-il l'écho ? Justifiez votre réponse à l'aide d'exemples précis.
• Les rapports entre doña Sol et don Carlos évoluent rapidement dans la scène 2 : analysez les trois grandes étapes de cette évolution.
• Analysez à travers son discours et son attitude la défense adoptée par doña Sol.
• Étudiez les vers 486, 521 et 545 ; que nous apprennent-ils sur la psychologie de don Carlos ?
• À partir d'exemples, montrez comment les demi-vers participent à l'expression de l'affrontement entre les deux personnages.
• Qu'apporte l'apparition d'Hernani à la fin de la scène ? Commentez ses paroles.

Interprétations

• Faites un portrait de doña Sol.
• À l'aide d'exemples précis, vous montrerez comment dans ces deux scènes le style hugolien (didascalies, termes, tournures, images, rythme des alexandrins) construit l'univers romantique.

Scène 3. Don Carlos, doña Sol, Hernani.

Hernani, *immobile, les bras toujours croisés, et ses yeux*
étincelants fixés sur le roi.
Oh ! le ciel m'est témoin
Que volontiers je l'eusse été chercher plus loin !

Doña Sol
Hernani, sauvez-moi de lui !

Hernani
Soyez tranquille,
550 Mon amour !

Don Carlos
Que font donc mes amis par la ville ?
Avoir laissé passer ce chef de bohémiens !
Appelant.
Monterey !

Hernani
Vos amis sont au pouvoir des miens,
Et ne réclamez pas leur épée impuissante ;
Pour trois qui vous viendraient, il m'en viendrait soixante,
555 Soixante dont un seul vous vaut tous quatre. Ainsi
Vidons entre nous deux notre querelle ici.
Quoi ! vous portiez la main sur cette jeune fille !
C'était d'un imprudent, seigneur roi de Castille,
Et d'un lâche !

Don Carlos, *souriant avec dédain.*
Seigneur bandit, de vous à moi
560 Pas de reproche !

Hernani
Il raille ! Oh ! je ne suis pas roi !
Mais quand un roi m'insulte et pour surcroît me raille,
Ma colère va haut et me monte à sa taille,
Et, prenez garde, on craint, quand on me fait affront,
Plus qu'un cimier de roi la rougeur de mon front !

565 Vous êtes insensé si quelque espoir vous leurre[1].
Il lui saisit le bras.
Savez-vous quelle main vous étreint à cette heure ?
Écoutez : votre père a fait mourir le mien,
Je vous hais. Vous avez pris mon titre et mon bien,
Je vous hais. Nous aimons tous deux la même femme,
570 Je vous hais, je vous hais, – oui, je te hais dans l'âme !

DON CARLOS

C'est bien.

HERNANI

Ce soir pourtant ma haine était bien loin.
Je n'avais qu'un désir, qu'une ardeur, qu'un besoin,
Doña Sol ! – plein d'amour, j'accourais... Sur mon âme !
Je vous trouve essayant contre elle un rapt infâme !
575 Quoi ! vous que j'oubliais, sur ma route placé !... –
Seigneur, je vous le dis, vous êtes insensé !
Don Carlos, te voilà pris dans ton propre piège !
Ni fuite, ni secours ! je te tiens et t'assiège !
Seul, entouré partout d'ennemis acharnés,
580 Que vas-tu faire ?

DON CARLOS, *fièrement.*
Allons ! vous me questionnez[2] !

HERNANI

Va, va, je ne veux pas qu'un bras obscur te frappe.
Il ne sied pas qu'ainsi ma vengeance m'échappe !
Tu ne seras touché par un autre que moi,
Défends-toi donc.
Il tire son épée.

DON CARLOS

Je suis votre seigneur le roi.
585 Frappez, mais pas de duel[3].

---

1. **Vous leurre :** vous berce d'illusions.
2. **Vous me questionnez :** voir la note 1 p. 88.
3. **Duel :** il faut prononcer en une seule syllabe (synérèse) pour respecter la mesure de l'alexandrin.

HERNANI
                    Seigneur, qu'il te souvienne
Qu'hier encor ta dague a rencontré la mienne[1].

DON CARLOS
Je le pouvais hier. J'ignorais votre nom,
Vous ignoriez mon titre. Aujourd'hui, compagnon,
Vous savez qui je suis et je sais qui vous êtes[2].

HERNANI
590 Peut-être.

DON CARLOS
          Pas de duel. Assassinez-moi. Faites !

HERNANI
Crois-tu donc que les rois à moi me sont sacrés ?
Çà, te défendras-tu ?

DON CARLOS
                Vous m'assassinerez.
Ah ! vous croyez, bandits, que vos brigades[3] viles
Pourront impunément s'épandre dans les villes ?
Hernani recule. Don Carlos fixe des yeux d'aigle sur lui.
595 Que teints de sang, chargés de meurtres, malheureux !
Vous pourrez après tout[4] faire les généreux !
Et que nous daignerons, nous, victimes trompées,
Anoblir vos poignards du choc de nos épées !
Non, le crime vous tient. Partout vous le traînez.
600 Nous, des duels avec vous ! arrière ! assassinez.
*Hernani, sombre et pensif, tourmente quelques instants de
la main la poignée de son épée, puis se retourne brusque-
ment vers le roi, et brise la lame sur le pavé.*

---

1. **Ta dague a rencontré la mienne** : voir l'acte I, scène 2.
2. **Vous savez [...] vous êtes** : don Carlos refuse de se battre avec quelqu'un qu'il croit être un roturier.
3. **Brigades** : petites troupes.
4. **Après tout** : malgré cela.

HERNANI

Va-t'en donc !
Le roi se tourne à demi vers lui et le regarde avec hauteur.
Nous aurons des rencontres meilleures.

Va-t'en.

DON CARLOS
C'est bien, Monsieur. Je vais dans quelques heures

Rentrer, moi votre roi, dans le palais ducal[1].
Mon premier soin sera de mander le fiscal[2].
605 A-t-on fait mettre à prix votre tête ?

HERNANI
Oui.

DON CARLOS
Mon maître,

Je vous tiens[3] de ce jour sujet rebelle et traître.
Je vous en avertis, partout, je vous poursuis.
Je vous fais mettre au ban[4] du royaume.

HERNANI
J'y suis

Déjà.

DON CARLOS
Bien.

HERNANI
Mais la France est auprès de l'Espagne.

610 C'est un port[5].

DON CARLOS
Je vais être empereur d'Allemagne.

Je vous fais mettre au ban de l'empire.

---

1. **Palais ducal** : palais où vit celui qui dirige (*ducere*, en latin).
2. **Fiscal** : officier de justice chargé des poursuites.
3. **Je vous tiens** : je vous considère.
4. **Mettre au ban** : mettre hors la loi et contraindre ainsi à l'exil sous peine d'emprisonnement (ou de peine de mort).
5. **Un port** : ici, un refuge.

HERNANI
À ton gré,
J'ai le reste du monde où je te braverai.
Il est plus d'un asile où ta puissance tombe.

DON CARLOS
Et quand j'aurai le monde ?

HERNANI
Alors, j'aurai la tombe.

DON CARLOS
615 Je saurai déjouer vos complots insolents.

HERNANI
La vengeance est boiteuse, elle vient à pas lents,
Mais elle vient.

DON CARLOS, *riant à demi, avec dédain.*
Toucher à la dame qu'adore
Ce bandit !

HERNANI, *dont les yeux se rallument.*
Songes-tu que je te tiens encore !
Ne me rappelle pas, futur césar[1] romain,
620 Que je t'ai là, chétif et petit dans ma main,
Et que, si je serrais cette main trop loyale,
J'écraserais dans l'œuf ton aigle impériale[2] !

DON CARLOS
Faites !

HERNANI
Va-t'en ! va-t'en !
Il ôte son manteau et le jette sur les épaules du roi.
Fuis, et prends ce manteau.

---

1. **César** : titre attribué aux empereurs romains ; ici, le personnage fait
allusion à l'élection prochaine de don Carlos au trône du Saint Empire romain
germanique.
2. **Ton aigle impériale** : jeu sur la polysémie du mot *aigle* qui désigne
l'oiseau (*J'écraserais dans l'œuf*) et l'emblème symbole de l'Empire
(*impériale*) ; dans ce dernier cas, le terme est féminin.

Car dans nos rangs pour toi je crains quelque couteau.
Le roi s'enveloppe du manteau.
625 Pars tranquille à présent ! Ma vengeance altérée[1]
Pour tout autre que moi fait ta tête sacrée[2].

DON CARLOS

Monsieur, vous qui venez de me parler ainsi,
Ne demandez un jour ni grâce ni merci !
Il sort.

---

1. **Altérée :** excitée, avivée.
2. **Fait ta tête sacrée :** rend sacrée ta tête (l'adjectif est ici attribut du complément d'objet direct *ta tête*).

Repères

• Cet affrontement fait écho à la scène 2 de l'acte I ; de nouveau, les deux rivaux sont face à face : relevez les éléments qui montrent l'évolution de la situation.

Observation

• Commentez les didascalies qui accompagnent les interventions de don Carlos.

• Effectuez le relevé des expressions employées par don Carlos pour désigner Hernani : que révèlent-elles de l'état d'esprit du personnage ?

• Mettez en évidence les différentes phases de cet affrontement ; quel est, selon vous, le véritable vainqueur ? Justifiez votre réponse.

• Étudiez le vers 614.

• Dans ses écrits théoriques, Victor Hugo proscrit la tirade ; par quel procédé évite-t-il son emploi dans la première partie de la scène (v. 552-580) ?

• Du vers 608 au vers 618 l'échange verbal entre les deux protagonistes s'accélère : comment appelle-t-on ce procédé stylistique ? Quel effet recherche le dramaturge ?

• Analysez l'association de l'intrigue passionnelle et de l'intrigue politique.

• L'anaphore est une figure de style qui permet d'exprimer l'insistance, la volonté ; relevez une occurrence pour chacun des rivaux et indiquez l'effet produit.

Interprétations

• Étudiez l'intervention d'Hernani du vers 560 au vers 580.

• Le drame romantique repose sur l'expression du conflit ; présentez d'une manière organisée les différentes formes qu'elle prend dans cette scène.

• Montrez comment, à travers l'affrontement d'Hernani et de don Carlos, Hugo construit sa conception du héros romantique.

SCÈNE 4. HERNANI, DOÑA SOL.

DOÑA SOL, *saisissant la main d'Hernani.*
Maintenant ! fuyons vite !

HERNANI, *la repoussant avec une douceur grave.*
                                  Il vous sied[1], mon amie,
630 D'être dans mon malheur toujours plus raffermie[2],
De n'y point renoncer, et de vouloir toujours
Jusqu'au fond, jusqu'au bout accompagner mes jours.
C'est un noble dessein, digne d'un cœur fidèle !
Mais, tu le vois, mon Dieu, pour tant accepter d'elle,
635 Pour emporter joyeux dans mon antre avec moi
Ce trésor de beauté qui rend jaloux un roi,
Pour que ma doña Sol me suive et m'appartienne,
Pour lui prendre sa vie et la joindre à la mienne,
Pour l'entraîner sans honte encore et sans regrets,
640 Il n'est plus temps ! je vois l'échafaud de trop près.

DOÑA SOL
Que dites-vous ?

HERNANI
                        Ce roi que je bravais en face
Va me punir d'avoir osé lui faire grâce.
Il fuit ! Déjà peut-être il est dans son palais.
Il appelle ses gens, ses gardes, ses valets,
645 Ses seigneurs, ses bourreaux...

DOÑA SOL
                                        Hernani ! Dieu ! je tremble !
Eh bien, hâtons-nous donc alors ! Fuyons ensemble !

HERNANI
Ensemble ! Non, non. L'heure en est passée ! Hélas,
Doña Sol, à mes yeux quand tu te révélas,
Bonne, et daignant m'aimer d'un amour secourable,
650 J'ai bien pu vous offrir, moi, pauvre misérable,

---

1. **Il vous sied** : il vous convient.
2. **D'être [...] raffermie** : de partager mon malheur avec détermination.

Ma montagne, mon bois, mon torrent, – ta pitié
M'enhardissait, – mon pain de proscrit, la moitié
Du lit vert et touffu que la forêt me donne.
Mais t'offrir la moitié de l'échafaud ! pardonne,
655 Doña Sol, l'échafaud, c'est à moi seul !

DOÑA SOL

Pourtant
Vous me l'aviez promis !

HERNANI, tombant à ses genoux.

Ange ! ah ! dans cet instant
Où la mort vient peut-être, où s'approche dans l'ombre
Un sombre dénouement pour un destin bien sombre,
Je le déclare ici, proscrit, traînant au flanc[1]
660 Un souci profond, né dans un berceau sanglant,
Si noir que soit le deuil qui s'épand sur ma vie,
Je suis un homme heureux, et je veux qu'on m'envie,
Car vous m'avez aimé ! car vous me l'avez dit !
Car vous avez tout bas béni mon front maudit !

DOÑA SOL, penchée sur sa tête.

665 Hernani !

HERNANI

Loué soit le sort doux et propice
Qui me mit cette fleur au bord du précipice !
Il se relève.
Et ce n'est pas pour vous que je parle en ce lieu,
Je parle pour le ciel qui m'écoute et pour Dieu !

DOÑA SOL

Souffre que je te suive !

HERNANI

Oh ! ce serait un crime
670 Que d'arracher la fleur en tombant dans l'abîme !
Va, j'en ai respiré le parfum ! c'est assez !
Renoue à d'autres jours tes jours par moi froissés[2].

---

1. **Au flanc :** avec moi.
2. **Froissés :** meurtris.

Épouse ce vieillard ! C'est moi qui te délie.
Je rentre dans ma nuit. Toi, sois heureuse, oublie !

DOÑA SOL

675 Non, je te suis ! Je veux ma part de ton linceul !
Je m'attache à tes pas !

HERNANI, *la serrant dans ses bras.*
Oh ! laisse-moi fuir seul !

Il la quitte avec un mouvement convulsif et veut fuir.

DOÑA SOL, *douloureusement et joignant les mains.*
Hernani ! tu me fuis ! Ainsi donc, insensée,
Avoir donné sa vie, et se voir repoussée,
Et n'avoir, après tant d'amour et tant d'ennui[1],
680 Pas même le bonheur de mourir près de lui.

HERNANI

Je suis banni ! je suis proscrit ! je suis funeste[2] !

DOÑA SOL

Ah ! vous êtes ingrat !

HERNANI, *revenant sur ses pas.*
Eh bien ! non ! non, je reste.
Tu le veux, me voici. Viens, oh ! viens dans mes bras !
Je reste et resterai tant que tu le voudras.
685 Oublions-les ! restons ! –

Il s'assied sur un banc de pierre.

Sieds-toi[3] sur cette pierre !

Il se place à ses pieds.

Des flammes de tes yeux inonde ma paupière.
Chante-moi quelque chant comme parfois le soir
Tu m'en chantais, avec des pleurs dans ton œil noir !
Soyons heureux ! buvons, car la coupe[4] est remplie,
690 Car cette heure est à nous, et le reste est folie !
Parle-moi, ravis-moi ! N'est-ce pas qu'il est doux

---

1. **Ennui :** chagrin (sens fort).
2. **Funeste :** qui cause la mort.
3. **Sieds-toi :** assieds-toi (archaïsme).
4. **La coupe :** ici, le terme désigne métaphoriquement l'amour partagé.

D'aimer et de savoir qu'on vous aime à genoux ?
D'être deux ? d'être seuls ? et que c'est douce chose
De se parler d'amour la nuit, quand tout repose ?
695 Oh ! laisse-moi dormir et rêver sur ton sein,
Doña Sol ! mon amour ! ma beauté !...
Bruit de cloches au loin.

DOÑA SOL, *se levant effarée.*
                                    Le tocsin[1] !
Entends-tu le tocsin ?

HERNANI, *toujours à ses genoux.*
                    Eh non ! c'est notre noce
Qu'on sonne.
Le bruit des cloches augmente. Cris confus, flambeaux et lumières à toutes les fenêtres, sur tous les toits, dans toutes les rues.

DOÑA SOL
            Lève-toi ! fuis ! Grand Dieu ! Saragosse
S'allume !

HERNANI, *se soulevant à demi.*
        Nous aurons une noce aux flambeaux !

DOÑA SOL
700 C'est la noce des morts ! la noce des tombeaux !
Bruit d'épées. Cris.

HERNANI, *se recouchant sur le banc de pierre.*
Rendormons-nous !

UN MONTAGNARD, *l'épée à la main, accourant.*
                        Seigneur ! les sbires[2], les alcades[3]
Débouchent dans la place en longues cavalcades[4] !
Alerte, monseigneur !
Hernani se lève.

---

1. **Tocsin :** sonnerie de cloche prolongée pour donner l'alarme.
2. **Sbires :** ici, agents de police (nuance péjorative).
3. **Alcades :** ici, officiers de justice commandant les troupes de police.
4. **Cavalcades :** défilés de cavaliers.

DOÑA SOL, *pâle.*
Ah ! tu l'avais bien dit !

LE MONTAGNARD

Au secours !...

HERNANI, *au montagnard.*
Me voici. C'est bien.

CRIS CONFUS, *au-dehors.*
Mort au bandit !

HERNANI, *au montagnard.*
705 Ton épée...
À doña Sol.
Adieu donc !

DOÑA SOL
C'est moi qui fais ta perte !

Où vas-tu ?
Lui montrant la petite porte.
Viens, fuyons par cette porte ouverte !

HERNANI
Dieu ! laisser mes amis ! que dis-tu ?
Tumulte et cris.

DOÑA SOL
Ces clameurs

Me brisent.
Retenant Hernani.
Souviens-toi que, si tu meurs, je meurs.

HERNANI, *la tenant embrassée.*
Un baiser !

DOÑA SOL
Mon époux ! mon Hernani ! mon maître !...

HERNANI, *la baisant sur le front.*
710 Hélas ! c'est le premier !

DOÑA SOL
C'est le dernier peut-être.
Il part. Elle tombe sur le banc.

Repères

• Cette scène entretient une relation de symétrie avec la scène 2 de l'acte précédent ; elle reprend le duo d'amour interrompu par l'irruption de don Carlos. Dites ce qu'apporte cette scène à la progression de l'action.

Observation

• Étudiez la progression de l'argumentation d'Hernani à travers le triple refus qu'il oppose à doña Sol (v. 629-640 ; v. 647-655 ; v. 669-674).
• Identifiez et analysez les images du vers 666.
• Le discours d'Hernani alterne la tonalité tragique et la tonalité lyrique ; relevez précisément des exemples de ces deux tonalités ; quelle image du héros romantique dessine ainsi Victor Hugo ?
• Les romantiques, à la suite de Jean-Jacques Rousseau dont ils sont de fervents lecteurs, accordent une place privilégiée à la nature ; quel rôle tient-elle ici ?
• Analysez la structure et la signification du vers 681.
• La fin de la scène (v. 696-710) est marquée par une nouvelle séparation brutale du couple : par l'observation de l'organisation prosodique (rythme, coupe des alexandrins), des didascalies et du discours des personnages, vous montrerez comment Hugo relance l'intensité et l'intérêt dramatiques de l'action.

Interprétations

• Analysez la manière dont Hugo assure la cohérence de l'action en maintenant « *l'unité d'ensemble* » dans une scène pourtant dominée par l'exaltation du sentiment amoureux.
• Étudiez la dimension tragique du personnage d'Hernani, établie dès la fin de cet acte, à partir des axes suivants :
1) Hernani, un être en marge ;
2) le poids de la fatalité ;
3) un destin tragique.

Le drame, un genre en action

Fidèle à la théorie qu'il a énoncée dans la préface de *Cromwell*, Hugo propose ici des « *scènes* » et non des « *récits* », des « *tableaux* » et non des « *descriptions* ». L'importance du dispositif scénique, qui vaut comme élément de décor (pour « *la couleur locale* »), mais aussi du jeu dramatique (voir le jeu des lumières dans la scène 1 et l'utilisation des sons à la fin de la scène 4), la précision des didascalies indiquant le jeu des personnages et la tonalité de leur discours, la brièveté de l'acte (c'est le plus court de la pièce avec 296 vers), le recours à l'enjambement et à l'alexandrin brisé, tout participe à l'expression d'un mouvement, d'une dynamique. Si, dans la tragédie, l'expression des conflits (politique et amoureux) est contenue dans les discours ou les coulisses, dans le drame romantique en revanche, elle se déploie sur la scène devant les yeux des spectateurs. Victor Hugo soutient l'attention de ceux-ci par un savant jeu rythmique de l'action : lente dans la scène 1, elle s'accélère dans les scènes d'affrontement 2 et 3, se ralentit dans le duo d'amour de la scène 4, avant de se précipiter dans le finale de l'acte.

Trois personnages en devenir

• **Doña Sol :** enjeu amoureux de cet acte – don Carlos veut l'enlever et Hernani doit s'enfuir avec elle –, elle impose ici la noblesse d'une figure féminine, fidèle à son engagement amoureux et prête à tout sacrifier pour celui-ci. Dans la scène de l'enlèvement, elle apparaît comme un double d'Hernani en luttant physiquement contre le désir du roi.

• **Don Carlos :** partagé entre libertinage et volonté de pouvoir, ce personnage acquiert dans son affrontement avec son rival une dimension héroïque et supérieure qui annonce le futur Charles Quint de l'acte IV.

• **Hernani :** prisonnier de son statut de « *bandit* » – c'est le titre de l'acte –, il montre aussi son sens de l'honneur et de l'héroïsme lors de son affrontement avec don Carlos. Figure romantique, il vit mal sa condition de proscrit et subordonne son amour pour doña Sol à son besoin de reconnaissance et de vengeance. Son discours, empreint de sentiments forts et contradictoires (haine/amour), révèle un personnage déchiré qui pressent son destin tragique.

ACTE III

Le vieillard

LE CHÂTEAU DE SILVA

Dans les montagnes d'Aragon

La galerie des portraits de la famille de Silva ; grande salle, dont ces portraits, entourés de riches broderies et surmontés de couronnes ducales et d'écussons[1] dorés, font la décoration. Au fond, une haute porte gothique[2]. Entre chaque portrait, une panoplie[3] complète, toutes de siècles différents.

SCÈNE PREMIÈRE. DOÑA SOL, *blanche et debout près d'une table ;* DON RUY GOMEZ DE SILVA, *assis dans son grand fauteuil ducal en bois de chêne.*

DON RUY GOMEZ

Enfin ! c'est aujourd'hui ! dans une heure on[4] sera
Ma duchesse ! plus d'oncle ! et l'on m'embrassera !
Mais m'as-tu pardonné ? J'avais tort. Je l'avoue.
J'ai fait rougir ton front, j'ai fait pâlir ta joue,
J'ai soupçonné trop vite, et je n'aurais point dû
Te condamner ainsi sans avoir entendu.

715

---

1. **Écussons** : plaques portant les armoiries d'un seigneur, c'est-à-dire les emblèmes symboliques de sa famille.
2. **Porte gothique** : porte élancée et ouvragée de style médiéval.
3. **Panoplie** : ensemble d'armes présenté sur un panneau à des fins d'ornement.
4. **On** : ici, deuxième personne du singulier.

Que l'apparence a tort ! injustes que nous sommes !
Certe, ils étaient bien là, les deux beaux jeunes hommes !
C'est égal[1] ; je devais n'en pas croire mes yeux.
720 Mais que veux-tu, ma pauvre enfant ! quand on est vieux !

DOÑA SOL, *immobile et grave.*
Vous reparlez toujours de cela. Qui vous blâme ?

DON RUY GOMEZ
Moi, j'eus tort. Je devais savoir qu'avec ton âme
On n'a point de galants lorsqu'on est doña Sol,
Et qu'on a dans le cœur de bon sang espagnol !

DOÑA SOL
725 Certe ! il est bon et pur, monseigneur, et peut-être
On le verra bientôt.

DON RUY GOMEZ, *se levant et allant à elle.*
                    Écoute : on n'est pas maître
De soi-même, amoureux comme je suis de toi.
Et vieux. On est jaloux, on est méchant ; pourquoi ?
Parce que l'on est vieux ; parce que beauté, grâce,
730 Jeunesse, dans autrui, tout fait peur, tout menace ;
Parce qu'on est jaloux des autres et honteux
De soi. Dérision[2] ! Que cet amour boiteux,
Qui vous remet au cœur tant d'ivresse et de flamme,
Ait oublié le corps en rajeunissant l'âme !
735 – Quand passe un jeune pâtre[3], – oui, c'en est là ! – souvent,
Tandis que nous allons, lui chantant, moi rêvant,
Lui dans son pré vert, moi dans mes noires allées,
Souvent je dis tout bas : – Ô mes tours crénelées,
Mon vieux donjon ducal, que je vous donnerais,
740 Oh ! que je donnerais mes blés et mes forêts,
Et les vastes troupeaux qui tondent mes collines,
Mon vieux nom, mon vieux titre, et toutes mes ruines,

---

1. **C'est égal** : cela ne fait rien.
2. **Dérision** : diérèse (dé-ri-si-on).
3. **Pâtre** : berger.

Le Château de Silva.
Dessin de Victor Hugo pour Hernani. *Bibliothèque de l'Arsenal.*

Et tous mes vieux aïeux, qui bientôt m'attendront[1],
Pour sa chaumière neuve, et pour son jeune front !
745 Car ses cheveux sont noirs, car son œil reluit comme
Le tien. Tu peux le voir et dire : Ce jeune homme !
Et puis penser à moi qui suis vieux. Je le sais !
Pourtant j'ai nom Silva ; mais ce n'est plus assez !
Oui, je me dis cela. Vois à quel point je t'aime.
750 Le tout[2], pour être jeune et beau comme toi-même !
Mais à quoi vais-je ici rêver ? Moi, jeune et beau !
Qui te dois de si loin devancer au tombeau !

DOÑA SOL

Qui sait ?

_____

1. **M'attendront :** ici, m'accueilleront (après ma mort).
2. **Le tout :** sous-entendu « je donnerais ».

DON RUY GOMEZ
Mais va, crois-moi, ces cavaliers frivoles[1]
N'ont pas d'amour si grand qu'il ne s'use en paroles.
755 Qu'une fille aime et croie un de ces jouvenceaux[2],
Elle en meurt, il en rit. Tous ces jeunes oiseaux,
À l'aile vive et peinte, au langoureux ramage[3],
Ont un amour qui mue[4] ainsi que leur plumage.
Les vieux, dont l'âge éteint la voix et les couleurs,
760 Ont l'aile plus fidèle, et, moins beaux, sont meilleurs.
Nous aimons bien. – Nos pas sont lourds ? nos yeux
[arides ?
Nos fronts ridés ? Au cœur on n'a jamais de rides.
Hélas ! quand un vieillard aime, il faut l'épargner.
Le cœur est toujours jeune et peut toujours saigner.
765 Oh ! mon amour n'est point comme un jouet de verre
Qui brille et tremble ; oh non ! c'est un amour sévère,
Profond, solide, sûr, paternel, amical,
De bois de chêne, ainsi que mon fauteuil ducal !
Voilà comme je t'aime, et puis je t'aime encore
770 De cent autres façons : comme on aime l'aurore,
Comme on aime les fleurs, comme on aime les cieux !
De te voir tous les jours, toi, ton pas gracieux[5],
Ton front pur, le beau feu de ta fière prunelle,
Je ris, et j'ai dans l'âme une fête éternelle !

DOÑA SOL
775 Hélas !

DON RUY GOMEZ
Et puis, vois-tu ? le monde trouve beau,
Lorsqu'un homme s'éteint et, lambeau par lambeau
S'en va, lorsqu'il trébuche au marbre de la tombe,

---

1. **Frivoles :** futiles, légers.
2. **Jouvenceaux :** jeunes hommes.
3. **Ramage :** ici, discours (sens figuré) ; ce terme continue la métaphore filée
de l'oiseau commencée au vers 756 et qui se poursuit aux vers suivants.
4. **Mue :** change (suite de la métaphore filée de l'oiseau).
5. **Gracieux :** diérèse (gra-ci-eux).

Qu'une femme, ange pur, innocente colombe,
Veille sur lui, l'abrite et daigne encor souffrir
780 L'inutile vieillard qui n'est bon qu'à mourir !

C'est une œuvre sacrée et qu'à bon droit on loue
Que ce suprême effort d'un cœur qui se dévoue,
Qui console un mourant jusqu'à la fin du jour,
Et, sans aimer peut-être, a des semblants d'amour !
785 Oh ! tu seras pour moi cet ange au cœur de femme
Qui du pauvre vieillard réjouit encor l'âme,
Et de ses derniers ans lui porte la moitié,
Fille par le respect et sœur par la pitié !

DOÑA SOL
Loin de me précéder, vous pourrez bien me suivre,
790 Monseigneur. Ce n'est pas une raison pour vivre
Que d'être jeune. Hélas ! je vous le dis, souvent
Les vieillards sont tardifs[1], les jeunes vont devant !
Et leurs yeux brusquement referment leur paupière,
Comme un sépulcre ouvert dont retombe la pierre !

DON RUY GOMEZ
795 Oh ! les sombres discours ! Mais je vous gronderai,
Enfant ! un pareil jour est joyeux et sacré.
Comment, à ce propos, quand l'heure nous appelle,
N'êtes-vous pas encor prête pour la chapelle ?
Mais vite ! habillez-vous. Je compte les instants.
800 La parure de noce !

DOÑA SOL
Il sera toujours temps.

DON RUY GOMEZ
Non pas.
Entre un page.
             Que veut Iaquez ?

---

1. **Tardifs** : lents.

LE PAGE
Monseigneur, à la porte,
Un homme, un pèlerin, un mendiant, n'importe,
Est là qui vous demande asile.

DON RUY GOMEZ
Quel qu'il soit,
Le bonheur entre avec l'étranger qu'on reçoit,
805 Qu'il vienne. – Du dehors a-t-on quelques nouvelles ?
Que dit-on de ce chef de bandits infidèles[1]
Qui remplit nos forêts de sa rébellion[2] ?

LE PAGE
C'en est fait d'Hernani ; c'en est fait du lion[3]
De la montagne.

DOÑA SOL, *à part.*
Dieu !

DON RUY GOMEZ, *au page.*
Quoi ?

LE PAGE
La troupe est détruite.
810 Le roi, dit-on, s'est mis lui-même à leur poursuite.
La tête d'Hernani vaut mille écus du roi[4]
Pour l'instant ; mais on dit qu'il est mort.

DOÑA SOL, *à part.*
Quoi ! sans moi,
Hernani !

DON RUY GOMEZ
Grâce au ciel ! il est mort, le rebelle !
On peut se réjouir maintenant, chère belle.
815 Allez donc vous parer, mon amour, mon orgueil.
Aujourd'hui, double fête !

---

1. **Infidèles :** outre le sens politique, l'adjectif a ici une connotation religieuse : l'Espagne vient d'achever la reconquête de son territoire sur les musulmans (prise du royaume de Grenade en 1492).
2. **Rébellion :** diérèse (ré-bel-li-on).
3. **Lion :** diérèse (li-on).
4. **Écus du roi :** monnaie d'or frappée sur ordre royal.

DOÑA SOL, *à part.*
Oh ! des habits de deuil !
Elle sort.

DON RUY GOMEZ, *au page.*
Fais-lui vite porter l'écrin[1] que je lui donne.
Il se rassied dans son fauteuil.
Je veux la voir parée ainsi qu'une madone[2],
Et, grâce à ses doux yeux et grâce à mon écrin,
820 Belle à faire à genoux tomber un pèlerin.
À propos, et celui qui nous demande un gîte !
Dis-lui d'entrer, fais-lui nos excuses, cours vite.
Le page salue et sort.
Laisser son hôte attendre ! ah ! c'est mal !
La porte du fond s'ouvre. Paraît Hernani déguisé en pèlerin.
Le duc se lève.

SCÈNE 2. DON RUY GOMEZ,
HERNANI *déguisé en pèlerin.*
Hernani s'arrête sur le seuil de la porte.

HERNANI
Monseigneur,
Paix et bonheur à vous !
DON RUY GOMEZ, *le saluant de la main.*
À toi paix et bonheur,
825 Mon hôte !
Hernani entre. Le duc se rassied.
N'es-tu pas pèlerin ?

---

1. **Écrin** : coffret contenant des bijoux précieux.
2. **Madone** : représentation de la Vierge ; ce terme évoque ici la pureté associée à la beauté.

HERNANI, *s'inclinant.*
Oui.

DON RUY GOMEZ
Sans doute.

Tu viens d'Armillas[1] ?

HERNANI
Non. J'ai pris une autre route.

On se battait par là.

DON RUY GOMEZ
La troupe du banni,

N'est-ce pas ?

HERNANI
Je ne sais.

DON RUY GOMEZ
Le chef, le Hernani,

Que devient-il ? sais-tu ?

HERNANI
Seigneur, quel est cet homme ?

DON RUY GOMEZ
830 Tu ne le connais pas ? tant pis ! la grosse somme
Ne sera point pour toi. Vois-tu ? ce Hernani,
C'est un rebelle au roi, trop longtemps impuni.
Si tu vas à Madrid, tu le pourras voir pendre[2].

HERNANI
Je n'y vais pas.

DON RUY GOMEZ
Sa tête est à qui veut la prendre.

HERNANI, *à part.*
835 Qu'on y vienne !

DON RUY GOMEZ
Où vas-tu, bon pèlerin ?

---

1. **Armillas** : village proche de Saragosse.
2. **Tu le pourras voir pendre** : la place antéposée de *le*, complément d'objet direct de l'infinitif, rappelle l'usage classique.

HERNANI

Seigneur,

Je vais à Saragosse.

DON RUY GOMEZ

Un vœu fait en l'honneur

D'un saint ? de Notre-Dame ?...

HERNANI

Oui, duc, de Notre-Dame.

DON RUY GOMEZ

Del Pilar[1] ?

HERNANI

Del Pilar.

DON RUY GOMEZ

Il faut n'avoir point d'âme

Pour ne point acquitter les vœux qu'on fait aux saints.

840   Mais, le tien accompli, n'as-tu d'autres desseins ?

Voir le Pilier[2], c'est là tout ce que tu désires ?

HERNANI

Oui, je veux voir brûler les flambeaux et les cires[3],

Voir Notre-Dame, au fond du sombre corridor[4],

Luire en sa châsse[5] ardente avec sa chape[6] d'or,

845   Et puis m'en retourner.

DON RUY GOMEZ

Fort bien. – Ton nom, mon frère ?

Je suis Ruy de Silva.

---

1. **Notre-Dame del Pilar** : il s'agit de la statue de la Vierge (objet d'une grande vénération) située contre un pilier (*pilar* en espagnol) dans la cathédrale de Saragosse.
2. **Pilier** : ici, la statue de la Vierge.
3. **Cires** : cierges.
4. **Sombre corridor** : la statue se trouve dans une nef peu éclairée de la cathédrale.
5. **Châsse** : coffre où sont conservées les reliques d'un saint ; ici, les ornements de la statue.
6. **Chape** : long manteau brodé sans manches, agrafé sur le devant, et porté à l'occasion de cérémonies religieuses.

HERNANI, *hésitant.*
Mon nom ?...

DON RUY GOMEZ
                        Tu peux le taire
Si tu veux. Nul n'a droit de le savoir ici[1].
Viens-tu pas demander asile ?

HERNANI
                Oui, duc.

DON RUY GOMEZ
                        Merci.
Sois le bienvenu ! – Reste, ami, ne te fais faute
850 De rien[2]. Quant à ton nom, tu te nommes mon hôte.
Qui que tu sois, c'est bien ; et, sans être inquiet[3],
J'accueillerais Satan, si Dieu me l'envoyait.

La porte du fond s'ouvre à deux battants. Entre doña Sol,
en parure de mariée. Derrière elle, pages, valets, et deux
femmes portant sur un coussin de velours un coffret d'ar-
gent ciselé, qu'elles vont déposer sur une table, et qui ren-
ferme un riche écrin, couronne de duchesse, bracelets, col-
liers, perles et brillants pêle-mêle. – Hernani, haletant et
effaré, considère doña Sol avec des yeux ardents sans écou-
ter le duc.

---

1. **Nul n'a droit de le savoir ici :** conformément à une loi de l'hospitalité.
2. **Ne te fais faute de rien :** ne te prive de rien (archaïsme).
3. **Inquiet :** diérèse (in-qui-et).

REPÈRES

• Absent de l'acte II, don Ruy Gomez apparaît de nouveau. Par quels procédés dramaturgiques Hugo assure-t-il une progression cohérente de l'intrigue ?

OBSERVATION

• En quoi l'importante didascalie initiale illustre-t-elle bien les théories du drame romantique ?
• Quelle est la fonction dramatique de la première tirade de don Ruy Gomez (v. 711-720) ?
• Indiquez quelle est la tonalité dominante dans la deuxième tirade (v. 726-752) de don Ruy Gomez ; justifiez votre réponse en relevant quelques procédés d'écriture utilisés.
• À l'aide d'exemples précis, analysez l'évolution du discours du vieil homme dans ses deux dernières tirades (v. 753-774 ; v. 775-788). Que révèle-t-elle de la psychologie du personnage ? Quels effets Victor Hugo cherche-t-il à produire sur le spectateur ?
• Montrez comment s'organise la résistance de doña Sol au discours amoureux de son oncle.
• Quelles fonctions remplissent l'intervention du page et l'hospitalité accordée par don Ruy Gomez ?
• Comment la versification de la scène 2 contribue-t-elle à la tension dramatique ?
• Mettez en évidence l'ironie tragique des vers 851 et 852.

INTERPRÉTATIONS

• Proposez une lecture méthodique de la tirade de don Ruy Gomez (v. 726-752) à partir des axes suivants :
1) un discours amoureux ;
2) une expression pathétique ;
3) un personnage lucide.

SCÈNE 3. LES MÊMES, DOÑA SOL, PAGES, VALETS, FEMMES.

DON RUY GOMEZ, *continuant.*
– Voici ma Notre-Dame à moi. L'avoir priée
Te portera bonheur !
Il va présenter la main à doña Sol, toujours pâle et grave.
Ma belle mariée,
855 Venez ! – Quoi ! pas d'anneau ! pas de couronne encor !

HERNANI, *d'une voix tonnante.*
Qui veut gagner ici mille carolus d'or[1] ?
Tous se retournent étonnés. Il déchire sa robe de pèlerin, la foule aux pieds et en sort en costume de montagnard.
Je suis Hernani.

DOÑA SOL, *à part, avec joie.*
Ciel ! vivant !

HERNANI, *aux valets.*
Je suis cet homme
Qu'on cherche !
Au duc.
Vous vouliez savoir si je me nomme
Perez ou Diego ? – Non, je me nomme Hernani !
860 C'est un bien plus beau nom, c'est un nom de banni,
C'est un nom de proscrit ! Vous voyez cette tête ?
Elle vaut assez d'or pour payer votre fête !
Aux valets.
Je vous la donne à tous ! vous serez bien payés !
Prenez ! liez mes mains ! liez mes pieds ! liez !
865 Mais non, c'est inutile, une chaîne me lie
Que je ne romprai point !

DOÑA SOL, *à part.*
Malheureuse !

---

1. **Carolus d'or** : en fait, cette monnaie d'or fut frappée en France par le roi Charles VIII (1470-1498). Carlos étant l'équivalent espagnol de Charles, Hugo procède ici par analogie.

DON RUY GOMEZ
                              Folie !

Çà, mon hôte est un fou !

                    HERNANI
                      Votre hôte est un bandit !

                  DOÑA SOL

Oh ! ne l'écoutez pas !

                    HERNANI
                      J'ai dit ce que j'ai dit.

                DON RUY GOMEZ

Mille carolus d'or ! Monsieur, la somme est forte,
870 Et je ne suis pas sûr de tous mes gens !

                    HERNANI
                              Qu'importe !

Tant mieux, si dans le nombre il s'en trouve un qui veut !
Aux valets.

Livrez-moi ! vendez-moi !

          DON RUY GOMEZ, *s'efforçant de le faire taire.*
                      Taisez-vous donc ! On peut

Vous prendre au mot !

                    HERNANI
                      Amis ! l'occasion[1] est belle !

Je vous dis que je suis le proscrit, le rebelle,
875 Hernani !

            DON RUY GOMEZ

          Taisez-vous !

                    HERNANI
                  Hernani !

        DOÑA SOL, *d'une voix éteinte, à son oreille.*
                      Oh ! tais-toi !

          HERNANI, *se détournant à demi vers doña Sol.*

On se marie ici ! Je veux en être, moi !

Mon épousée aussi m'attend !

---

1. L'occasion : diérèse (l'oc-ca-si-on).

Au duc.

Elle est moins belle
Que la vôtre, seigneur, mais n'est pas moins fidèle.
C'est la mort !
Aux valets.

Nul de vous ne fait un pas encor ?

DOÑA SOL, *bas*
880 Par pitié !

HERNANI, *aux valets.*
Hernani ! mille carolus d'or !

DON RUY GOMEZ
C'est le démon !

HERNANI, *à un jeune valet.*
Viens, toi, tu gagneras la somme.
Riche alors, de valet tu redeviendras homme !
Aux valets qui restent immobiles.
Vous aussi, vous tremblez ! ai-je assez de malheur !

DON RUY GOMEZ
Frère, à toucher ta tête ils risqueraient la leur !
885 Fusses-tu Hernani, fusses-tu cent fois pire,
Pour ta vie au lieu d'or offrît-on un empire,
Mon hôte ! je te dois protéger en ce lieu
Même contre le roi, car je te tiens de Dieu[1] !
S'il tombe un seul cheveu de ton front, que je meure !
À doña Sol.
890 Ma nièce, vous serez ma femme dans une heure ;
Rentrez chez vous ; je vais faire armer le château,
J'en vais fermer la porte.
Il sort. Les valets le suivent.

---

1. **Je te tiens de Dieu** : sous-entendu, l'hospitalité est un devoir sacré.

Hernani, *regardant avec désespoir sa ceinture*
dégarnie et désarmée.
                    Oh ! pas même un couteau !
Doña Sol, après que le duc a disparu, fait quelques pas
comme pour suivre ses femmes, puis s'arrête, et, dès qu'elles
sont sorties, revient vers Hernani avec anxiété.

Scène 4. Hernani, doña Sol.

Hernani considère avec un regard froid et comme inattentif
l'écrin nuptial placé sur la table ; puis il hoche la tête, et ses
yeux s'allument.

Hernani

Je vous fais compliment ! – Plus que je ne puis dire
La parure me charme, et m'enchante, – et j'admire !
Il s'approche de l'écrin.
895 La bague est de bon goût, – la couronne me plaît, –
Le collier est d'un beau travail, – le bracelet
Est rare, – mais cent fois, cent fois moins que la femme
Qui sous un front si pur cache ce cœur infâme !
Examinant de nouveau le coffret.
Et qu'avez-vous donné pour tout cela ? – Fort bien !
900 Un peu de votre amour ? mais vraiment, c'est pour rien !
Grand Dieu ! trahir ainsi ! n'avoir pas honte, et vivre !
Examinant l'écrin.
– Mais peut-être après tout c'est perle fausse, et cuivre
Au lieu d'or, verre et plomb, diamants déloyaux,
Faux saphirs, faux bijoux, faux brillants[1], faux joyaux.
905 Ah ! s'il en est ainsi, comme cette parure,
Ton cœur est faux, duchesse, et tu n'es que dorure !
Il revient au coffret.

---

1. **Brillants** : diamants taillés en cinquante-huit facettes.

Hernani (Aurélien Recoing) et doña Sol (Jany Gastaldi).
Mise en scène d'Antoine Vitez, Théâtre national de Chaillot, 1985.

– Mais non, non. Tout est vrai, tout est bon, tout est beau.
Il n'oserait tromper, lui qui touche au tombeau !
Rien n'y manque.
Il prend l'une après l'autre toutes les pièces de l'écrin.
               Collier, brillants, pendants d'oreille,
910 Couronne de duchesse, anneau d'or..., à merveille !
Grand merci de l'amour sûr, fidèle et profond !
Le précieux[1] écrin !

DOÑA SOL

Elle va au coffret, y fouille, et en tire un poignard.
          Vous n'allez pas au fond. –

---

1. **Précieux** : diérèse (pré-ci-eux).

C'est le poignard[1] qu'avec l'aide de ma patronne[2]
Je pris au roi Carlos, lorsqu'il m'offrit un trône,
915 Et que je refusai pour vous qui m'outragez !

       HERNANI, *tombant à ses pieds.*
Oh ! laisse qu'à genoux dans tes yeux affligés
J'efface tous ces pleurs amers et pleins de charmes !
Et tu prendras après tout mon sang pour[3] tes larmes !

       DOÑA SOL, *attendrie.*
Hernani ! je vous aime et vous pardonne, et n'ai
920 Que de l'amour pour vous.

       HERNANI
          Elle m'a pardonné,
Et m'aime ! Qui pourra faire aussi que moi-même,
Après ce que j'ai dit, je me pardonne et m'aime ?
Oh ! je voudrais savoir, ange au ciel réservé,
Où vous avez marché, pour baiser le pavé !

       DOÑA SOL
925 Ami !

       HERNANI
       Non ! je dois t'être odieux ! Mais, écoute,
Dis-moi : je t'aime ! – Hélas ! rassure un cœur qui doute,
Dis-le-moi ! car souvent avec ce peu de mots
La bouche d'une femme a guéri bien des maux !

       DOÑA SOL, *absorbée et sans l'entendre.*
Croire que mon amour eût si peu de mémoire !
930 Que jamais ils pourraient, tous ces hommes sans gloire,
Jusqu'à d'autres amours, plus nobles à leur gré,
Rapetisser un cœur où son nom est entré !

       HERNANI
Hélas ! j'ai blasphémé[4] ! Si j'étais à ta place,
Doña Sol, j'en aurais assez, je serais lasse

---

1. **Le poignard :** voir le vers 540 et la didascalie qui l'accompagne.
2. **Patronne :** la sainte Vierge.
3. **Pour :** en échange de.
4. **Blasphémé :** injurié, outragé.

935 De ce fou furieux[1], de ce sombre insensé
Qui ne sait caresser qu'après qu'il a blessé.
Je lui dirais : Va-t'en ! – Repousse-moi, repousse !
Et je te bénirai, car tu fus bonne et douce,
Car tu m'as supporté trop longtemps, car je suis
940 Mauvais, je noircirais tes jours avec mes nuits !
Car c'en est trop enfin, ton âme est belle et haute
Et pure, et si je suis méchant, est-ce ta faute ?
Épouse le vieux duc ! il est bon, noble, il a
Par sa mère Olmedo, par son père Alcala[2].
945 Encore un coup[3], sois riche avec lui, sois heureuse !
Moi, sais-tu ce que peut cette main généreuse
T'offrir de magnifique ? une dot de douleur.
Tu pourras y choisir ou du sang ou des pleurs.
L'exil, les fers, la mort, l'effroi qui m'environne,
950 C'est là ton collier d'or, c'est ta belle couronne,
Et jamais à l'épouse un époux plein d'orgueil
N'offrit plus riche écrin de misère et de deuil !
Épouse le vieillard, te dis-je ! il le mérite !
Eh ! qui jamais croira que ma tête proscrite
955 Aille avec ton front pur ? qui, nous voyant tous deux,
Toi, calme et belle, moi, violent, hasardeux[4],
Toi, paisible et croissant comme une fleur à l'ombre,
Moi, heurté dans l'orage à[5] des écueils sans nombre,
Qui dira que nos sorts suivent la même loi ?
960 Non. Dieu qui fait tout bien ne te fit pas pour moi.
Je n'ai nul droit d'en haut sur toi, je me résigne !
J'ai ton cœur, c'est un vol ! je le rends au plus digne.
Jamais à nos amours le ciel n'a consenti.

---

1. **Furieux** : diérèse (fu-ri-eux).
2. **Olmedo** [...] **Alcala** : villes espagnoles ; la première est en Nouvelle-Castille et la deuxième en Andalousie.
3. **Encore un coup** : encore une fois (expression soutenue dans la langue du XVIIᵉ siècle).
4. **Hasardeux** : aventureux.
5. **Heurté** [...] **à** : confronté à.

Si j'ai dit que c'était ton destin, j'ai menti !
965 D'ailleurs, vengeance, amour, adieu ! mon jour s'achève.
Je m'en vais, inutile, avec mon double rêve,
Honteux de n'avoir pu ni punir, ni charmer,
Qu'on m'ait fait pour haïr, moi qui n'ai su qu'aimer !
Pardonne-moi ! fuis-moi ! ce sont mes deux prières.
970 Ne les rejette pas, car ce sont les dernières !
Tu vis, et je suis mort. Je ne vois pas pourquoi
Tu te ferais murer dans ma tombe avec moi !

DOÑA SOL

Ingrat !

HERNANI

Monts d'Aragon ! Galice ! Estramadoure[1] ! –
Oh ! je porte malheur à tout ce qui m'entoure ! –
975 J'ai pris vos meilleurs fils ; pour mes droits, sans remords
Je les ai fait combattre, et voilà qu'ils sont morts !
C'étaient les plus vaillants de la vaillante Espagne !
Ils sont morts ! ils sont tous tombés dans la montagne,
Tous sur le dos couchés, en braves, devant Dieu,
980 Et si leurs yeux s'ouvraient, ils verraient le ciel bleu !
Voilà ce que je fais de tout ce qui m'épouse !
Est-ce une destinée à te rendre jalouse[2] ?
Doña Sol, prends le duc, prends l'enfer, prends le roi !
C'est bien. Tout ce qui n'est pas moi vaut mieux que moi !
985 Je n'ai plus un ami qui de moi se souvienne,
Tout me quitte, il est temps qu'à la fin ton tour vienne,
Car je dois être seul. Fuis ma contagion[3].
Ne te fais pas d'aimer une religion[4] !
Oh ! par pitié pour toi, fuis ! – Tu me crois peut-être
990 Un homme comme sont tous les autres, un être

---

1. **Estramadoure** : région du sud-ouest de l'Espagne.
2. **Jalouse** : envieuse.
3. **Contagion** : diérèse (con-ta-gi-on).
4. **Ne te fais pas d'aimer une religion** : ne fais pas de ton amour un cas de conscience ; diérèse (re-li-gi-on).

Intelligent, qui court droit au but qu'il rêva.
Détrompe-toi. Je suis une force qui va !
Agent aveugle et sourd de mystères funèbres !
Une âme de malheur faite avec des ténèbres !
995 Où vais-je ? je ne sais. Mais je me sens poussé
D'un souffle impétueux, d'un destin[1] insensé.
Je descends, je descends, et jamais ne m'arrête.
Si parfois, haletant, j'ose tourner la tête,
Une voix me dit : Marche ! et l'abîme est profond,
1000 Et de flamme ou de sang je le vois rouge au fond !
Cependant, à l'entour[2] de ma course farouche,
Tout se brise, tout meurt. Malheur à qui me touche !
Oh ! fuis ! détourne-toi de mon chemin fatal !
Hélas ! sans le vouloir, je te ferais du mal !

DOÑA SOL
1005 Grand Dieu !

HERNANI
C'est un démon[3] redoutable, te dis-je,
Que le mien. Mon bonheur, voilà le seul prodige
Qui lui soit impossible. Et toi, c'est le bonheur !
Tu n'es donc pas pour moi, cherche un autre seigneur !
Va, si jamais le ciel à mon sort qu'il renie[4]
1010 Souriait... n'y crois pas ! ce serait ironie.
Épouse le duc !

DOÑA SOL
Donc ce n'était pas assez !
Vous aviez déchiré mon cœur, vous le brisez.
Ah ! vous ne m'aimez plus !

HERNANI
Oh ! mon cœur et mon âme,
C'est toi ! l'ardent foyer d'où me vient toute flamme,

---

1. **D'un souffle [...] d'un destin** : par un souffle [...] par un destin.
2. **À l'entour** : autour.
3. **Démon** : génie, bon ou mauvais, qui inspire la destinée de l'homme.
4. **Renie** : abandonne.

1015 C'est toi ! Ne m'en veux pas de fuir, être adoré !

DOÑA SOL
Je ne vous en veux pas. Seulement, j'en mourrai.

HERNANI
Mourir ! pour qui ? pour moi ? se peut-il que tu meures
Pour si peu ?

DOÑA SOL, *laissant éclater ses larmes.*
Voilà tout.
Elle tombe sur un fauteuil.

HERNANI, *s'asseyant près d'elle.*
Oh ! tu pleures ! tu pleures !
Et c'est encor ma faute ! Et qui me punira ?
1020 Car tu pardonneras encor ! Qui te dira
Ce que je souffre au moins[1], lorsqu'une larme noie
La flamme de tes yeux dont l'éclair est ma joie ?
Oh ! mes amis sont morts ! oh ! je suis insensé !
Pardonne. Je voudrais aimer, je ne le sai !
1025 Hélas ! j'aime pourtant d'une amour[2] bien profonde ! –
Ne pleure pas, mourons plutôt ! – Que n'ai-je un monde ?
Je te le donnerais ! Je suis bien malheureux !

DOÑA SOL, *se jetant à son cou.*
Vous êtes mon lion[3] superbe et généreux !
Je vous aime.

HERNANI
Oh ! l'amour serait un bien suprême
1030 Si l'on pouvait mourir de trop aimer !

DOÑA SOL
Je t'aime !
Monseigneur ! Je vous aime et je suis toute à vous.

---

1. **Au moins :** porte sur *dira* au vers précédent.
2. **Amour :** ce terme admet en poésie le genre féminin au singulier.
3. **Lion :** diérèse (li-on). Mlle Mars, qui interprétait doña Sol, refusa de prononcer ce mot et le jour de la première représentation elle le remplaça par « monseigneur ».

HERNANI, *laissant tomber sa tête sur son épaule.*
Oh ! qu'un coup de poignard de toi me serait doux !

DOÑA SOL, *suppliante.*
Ah ! ne craignez-vous pas que Dieu ne vous punisse
De parler de la sorte ?

HERNANI, *toujours appuyé sur son sein.*
Eh bien ! qu'il nous unisse !
1035 Tu le veux. Qu'il en soit ainsi ! – J'ai résisté.

*Tous deux, dans les bras l'un de l'autre, se regardent avec
extase, sans voir, sans entendre, et comme absorbés dans
leur regard. – Entre don Ruy Gomez par la porte du fond.
Il regarde, et s'arrête comme pétrifié sur le seuil.*

Repères

• Contrairement à la scène 3 de l'acte I, où Hernani conservait son anonymat grâce à l'attitude involontaire de don Carlos, le héros choisit ici de dévoiler son identité en apercevant doña Sol en habit de mariée : il croit celle-ci consentante ; comment appelle-t-on une telle situation ? Sur le plan dramatique, quel effet recherche Victor Hugo ?

Observation

• Dans la scène 3, relevez des indices montrant que le discours d'Hernani mêle le dépit amoureux à la revendication de son statut de proscrit. Selon vous, que traduit cette duplicité de langage ?
• Analysez la structure et la signification du vers 875.
• La première tirade d'Hernani dans la scène 4 (v. 893-912) introduit une scène conventionnelle de dépit amoureux. Identifiez la figure de style employée aux vers 893 et 894 ; que nous apprend-elle sur la psychologie du personnage ? Analysez le jeu de scène proposé par Victor Hugo.
• Par quels procédés Victor Hugo donne-t-il une tonalité lyrique au discours d'Hernani dans la scène 4 ?
• Nommez la figure de style employée au vers 983 ; quel effet produit-elle ?
• Quels champs lexicaux dominent la deuxième tirade d'Hernani (v. 933-972) ?

Interprétations

• Étudiez la tirade d'Hernani (v. 933-972) en montrant comment Hugo restitue l'exaltation du personnage et exprime le contraste entre deux êtres.
• Faites un commentaire composé de la dernière tirade d'Hernani (v. 973-1004) à partir des trois axes suivants :
1) l'expression d'une crise ;
2) l'expression d'une sensibilité ;
3) un héros romantique.

SCÈNE 5. HERNANI, DOÑA SOL, DON RUY GOMEZ, *puis* UN PAGE.

DON RUY GOMEZ, *immobile et croisant les bras*
sur le seuil de la porte.

Voilà donc le paiement de l'hospitalité !

DOÑA SOL

Dieu ! le duc !

Tous deux se retournent, comme réveillés en sursaut.

DON RUY GOMEZ, *toujours immobile.*

            C'est donc là mon salaire, mon hôte ?
– Bon seigneur, va-t'en voir si ta muraille est haute,
Si la porte est bien close et l'archer dans sa tour,
1040 De ton château pour nous fais et refais le tour,
Cherche en ton arsenal une armure à ta taille,
Ressaie à soixante ans ton harnais[1] de bataille,
Voici la loyauté dont nous paierons ta foi !
Tu fais cela pour nous, et nous ceci pour toi !
1045 Saints du ciel ! – J'ai vécu plus de soixante années,
J'ai rencontré parfois des âmes effrénées,
J'ai souvent, en tirant ma dague du fourreau,
Fait lever sur mes pas des gibiers de bourreau,
J'ai vu des assassins, des monnayeurs[2], des traîtres ;
1050 De faux valets à table empoisonnant leurs maîtres ;
J'en ai vu qui mouraient sans croix et sans pater[3] ;
J'ai vu Sforce[4], j'ai vu Borgia[5], je vois Luther[6] ;
Mais je n'ai jamais vu perversité si haute

---

1. **Harnais** : armure, équipement du guerrier (archaïsme).
2. **Monnayeurs** : ici, faux-monnayeurs.
3. **Sans croix et sans pater** : sans religion (le *pater* est le premier d'une prière).
4. **Sforce** : Ludovic Sforza (1454-1508) dit le « More » ; connu pour avoir empoisonné son neveu et commis de nombreuses trahisons.
5. **Borgia** : César Borgia (1475-1507), fils naturel du pape Alexandre VI et frère de la célèbre Lucrèce ; il incarne un autre modèle de vices et de perfidie.
6. **Luther** : voir la note 2 p. 44.

Qui n'eût craint le tonnerre en trahissant son hôte !
1055 Ce n'est pas de mon temps. – Si noire trahison
Pétrifie un vieillard au seuil de sa maison,
Et fait que le vieux maître, en attendant qu'il tombe,
A l'air d'une statue à mettre sur sa tombe !
Maures et Castillans[1] ! quel est cet homme-ci ?
Il lève les yeux et les promène sur les portraits qui entourent
la salle.
1060 Ô vous ! tous les Silva, qui m'écoutez ici,
Pardon, si devant vous, pardon, si ma colère
Dit l'hospitalité mauvaise conseillère !

HERNANI, *se levant.*

Duc...

DON RUY GOMEZ

Tais-toi ! –
Il fait lentement trois pas dans la salle et promène ses
regards sur les portraits des Silva.
Morts sacrés ! aïeux ! hommes de fer !
Qui voyez ce qui vient du ciel et de l'enfer,
1065 Dites-moi, messeigneurs, dites ! quel est cet homme ?
Ce n'est pas Hernani, c'est Judas[2] qu'on le nomme !
Oh ! tâchez de parler pour me dire son nom !
Croisant les bras.
Avez-vous de vos jours vu rien de pareil ? Non !

HERNANI

Seigneur duc...

DON RUY GOMEZ, *toujours aux portraits.*
Voyez-vous ? il veut parler, l'infâme !
1070 Mais, mieux encor que moi, vous lisez dans son âme.
Oh ! ne l'écoutez pas ! c'est un fourbe ! il prévoit
Que mon bras va sans doute ensanglanter mon toit,

---

1. **Maures et Castillans** : chez les Maures (musulmans) et les Castillans (chrétiens), l'hospitalité est une loi sacrée ; ces deux communautés se partagèrent l'Espagne jusqu'à la fin du XVe siècle.
2. **Judas** : modèle du traître ; il vendit le Christ pour trente deniers.

Que peut-être mon cœur couve dans ses tempêtes
Quelque vengeance, sœur du festin des Sept Têtes.
1075 Il vous dira qu'il est proscrit, il vous dira
Qu'on va dire Silva comme l'on dit Lara[1],
Et puis qu'il est mon hôte, et puis qu'il est votre hôte... –
Mes aïeux, messeigneurs, voyez, est-ce ma faute ?
Jugez entre nous deux !

HERNANI
Ruy Gomez de Silva,

1080 Si jamais vers le ciel noble front s'éleva,
Si jamais cœur fut grand, si jamais âme haute[2],
C'est la vôtre, seigneur ! c'est la tienne, ô mon hôte !
Moi qui te parle ici, je suis coupable, et n'ai
Rien à dire, sinon que je suis bien damné.
1085 Oui, j'ai voulu te prendre et t'enlever ta femme ;
Oui, j'ai voulu souiller ton lit ; oui, c'est infâme !
J'ai du sang : tu feras très bien de le verser,
D'essuyer ton épée et de n'y plus penser !

DOÑA SOL

Seigneur, ce n'est pas lui ! ne frappez que moi-même !

HERNANI

1090 Taisez-vous, doña Sol. Car cette heure est suprême !
Cette heure m'appartient. Je n'ai plus qu'elle. Ainsi
Laissez-moi m'expliquer avec le duc ici.
Duc ! – crois aux derniers mots de ma bouche, j'en jure[3],
Je suis coupable, mais sois tranquille, – elle est pure !
1095 C'est là tout. Moi coupable, elle pure ; ta foi[4]

---

1. **Lara** : allusion à une famille de la Castille médiévale. Selon la légende,
Gonzalo Gustios, seigneur de Lara, après une querelle avec son beau-frère
Ruy Velaquez de Lara, fut livré par ce dernier au calife de Cordoue, tandis
que ses sept fils étaient massacrés dans une embuscade. Mais Gonzalo séduisit
la fille du calife et eut d'elle un huitième fils qui, par la suite, vengea ses
frères.
2. **Âme haute** : âme fut haute.
3. **J'en jure** : j'en fais le serment.
4. **Ta foi** : ta confiance absolue.

Pour elle, – un coup d'épée ou de poignard pour moi.
Voilà. – Puis fais jeter le cadavre à la porte
Et laver le plancher, si tu veux, il n'importe !

DOÑA SOL

Ah ! moi seule ai tout fait. Car je l'aime.

Don Ruy se détourne à ce mot en tressaillant, et fixe sur doña Sol un regard terrible. Elle se jette à ses genoux.

Oui, pardon !

1100 Je l'aime, monseigneur !

DON RUY GOMEZ

Vous l'aimez !

À Hernani.

Tremble donc[1] !

Bruit de trompettes au-dehors. – Entre le page.
Au page.

Qu'est ce bruit ?

LE PAGE

C'est le roi, monseigneur, en personne,
Avec un gros d'archers[2] et son héraut[3] qui sonne.

DOÑA SOL

Dieu ! le roi ! dernier coup !

LE PAGE, *au duc.*

Il demande pourquoi
La porte est close, et veut qu'on ouvre.

DON RUY GOMEZ

Ouvrez au roi.

Le page s'incline et sort.

---

1. **Donc** : le « c » final ne se prononce pas pour permettre la rime avec le vers précédent.
2. **Un gros d'archers** : une troupe importante d'archers.
3. **Héraut** : officier dont les fonctions consistent à transmettre les messages et à prononcer les proclamations solennelles.

DOÑA SOL

1105 Il est perdu.

Don Ruy Gomez va à l'un des tableaux, qui est son propre portrait et le dernier à gauche ; il presse un ressort, le portrait s'ouvre comme une porte, et laisse voir une cachette pratiquée dans le mur. Il se tourne vers Hernani.

DON RUY GOMEZ
Monsieur, venez ici.

HERNANI
Ma tête

Est à toi. Livre-la, seigneur. Je la tiens prête.
Je suis ton prisonnier.

Il entre dans la cachette. Don Ruy presse de nouveau le ressort, tout se referme, et le portrait revient à sa place.

DOÑA SOL, *au duc.*
Seigneur, pitié pour lui !

LE PAGE, *entrant.*

Son Altesse le roi !

Doña Sol baisse précipitamment son voile. – La porte s'ouvre à deux battants. Entre don Carlos en habit de guerre, suivi d'une foule de gentilshommes également armés, de pertuisaniers, d'arquebusiers, d'arbalétriers[1].

---

1. **Pertuisaniers [...] arbalétriers** : soldats à pied équipés de la pertuisane (sorte de lance), de l'arquebuse (arme à feu, ancêtre du fusil), de l'arbalète (sorte d'arc muni d'un mécanisme pour tendre la corde).

REPÈRES

• C'est la troisième fois depuis le début du drame qu'un duo d'amour entre doña Sol et Hernani est interrompu ; comparez les trois circonstances et montrez la progression ménagée par Victor Hugo.

OBSERVATION

• On retrouve ici les trois personnages de la scène 3, mais la situation a considérablement évolué : à l'aide d'exemples précis, montrez pourquoi cette scène représente un temps fort sur le plan dramatique.
• Hernani tente vainement d'interrompre la tirade de don Ruy Gomez (v. 1037-1079), dont le discours rappelle celui qu'il faisait dans la scène 3 de l'acte I (v. 217-274) ; observez les similitudes et les différences ; quelles conclusions pouvez-vous en tirer ?
• Analysez le vers 1100 ; qu'apporte-t-il dans la construction des personnages et sur le plan dramatique ?
• Étudiez le comportement d'Hernani dans son intervention (v. 1079-1088 et v. 1090-1098) ; montrez par l'observation du lexique comment la dimension tragique du personnage s'affirme de plus en plus.
• Analysez les principales phases de l'intervention de don Ruy Gomez (v. 1037-1079).
• En dissimulant Hernani, Victor Hugo utilise pour la seconde fois un procédé largement utilisé dans un genre en vogue à son époque, le mélodrame ; quelles implications a-t-il ici sur le plan dramatique et symbolique ?
• Commentez le coup de théâtre final que représente l'apparition inattendue du roi.

INTERPRÉTATIONS

• Faites un portrait de don Ruy Gomez.
• Analysez l'évolution des rapports entre doña Sol, Hernani et don Ruy Gomez.

SCÈNE 6. DON RUY GOMEZ, DOÑA SOL, *voilée*, DON CARLOS, SUITE.

Don Carlos s'avance à pas lents, la main gauche sur le pommeau de son épée, la droite dans sa poitrine, et fixe sur le vieux duc un œil de défiance et de colère. Le duc va audevant du roi et le salue profondément. – Silence. – Attente et terreur alentour. Enfin, le roi, arrivé en face du duc, lève brusquement la tête.

DON CARLOS
D'où vient donc aujourd'hui,
Mon cousin, que ta porte est si bien verrouillée ?
1110 Par les saints ! je croyais ta dague plus rouillée !
Et je ne savais pas qu'elle eût hâte à ce point,
Quand nous te venons voir, de reluire à ton poing !
Don Ruy Gomez veut parler, le roi poursuit avec un geste impérieux.
C'est s'y prendre un peu tard pour faire le jeune homme !
Avons-nous des turbans ? serait-ce qu'on me nomme
1115 Boabdil[1] ou Mahom[2], et non Carlos, réponds !
Pour nous baisser la herse[3] et nous lever le pont[4] ?

DON RUY GOMEZ, *s'inclinant.*
Seigneur...

---

1. **Boabdil** : dernier roi maure de Grenade ; sa défaite au siège de Grenade (battu par les troupes de Ferdinand d'Aragon le 2 janvier 1492) marqua l'achèvement de la reconquête de l'Espagne par les rois catholiques.
2. **Mahom** : abréviation (courante au Moyen Âge) de Mahomet, fondateur de la religion musulmane (570-632).
3. **Herse** : grille de bois ou de fer que l'on abaisse pour interdire l'accès d'une fortification.
4. **Pont** : ici, pont-levis.

DON CARLOS, *à ses gentilshommes.*
Prenez les clefs, saisissez-vous des portes !

Deux officiers sortent. Plusieurs autres rangent les soldats en triple haie dans la salle, du roi à la grande porte. Don Carlos se retourne vers le duc.

Ah ! vous réveillez donc les rébellions mortes[1] !
Pardieu, si vous prenez de ces airs avec moi,
1120 Messieurs les ducs, le roi prendra des airs de roi !
Et j'irai par les monts, de mes mains aguerries[2],
Dans leurs nids crénelés tuer les seigneuries !

DON RUY GOMEZ, *se redressant.*
Altesse, les Silva sont loyaux...

DON CARLOS, *l'interrompant.*
                            Sans détours,
Réponds, duc ! ou je fais raser tes onze tours !
1125 De l'incendie éteint il reste une étincelle,
Des bandits morts il reste un chef. Qui le recèle[3] ?
C'est toi ! Ce Hernani, rebelle empoisonneur,
Ici, dans ton château, tu le caches !

DON RUY GOMEZ
                            Seigneur,
C'est vrai.

DON CARLOS
        Fort bien. Je veux sa tête – ou bien la tienne,
1130 Entends-tu, mon cousin ?

DON RUY GOMEZ, *s'inclinant.*
                    Mais qu'à cela ne tienne !...
Vous serez satisfait.

Doña Sol cache sa tête dans ses mains et tombe sur le fauteuil.

---

1. **Les rébellions mortes** : allusion aux luttes menées par le roi contre les grands seigneurs féodaux qui contestaient le pouvoir royal. Diérèse (ré-bel-li-ons).
2. **Aguerries** : habituées à la guerre.
3. **Recèle** : cache.

DON CARLOS, *radouci.*
                    Ah ! tu t'amendes ! – Va
Chercher mon prisonnier.
Le duc croise les bras, baisse la tête et reste quelques
moments rêveur. Le roi et doña Sol l'observent en silence
et agités d'émotions contraires. Enfin le duc relève son front,
va au roi, lui prend la main, et le mène à pas lents devant
le plus ancien des portraits, celui qui commence la galerie à
droite du spectateur.

DON RUY GOMEZ, *montrant au roi le vieux portrait.*
                    Celui-ci, des Silva
C'est l'aîné, c'est l'aïeul, l'ancêtre, le grand homme !
Don Silvius[1], qui fut trois fois consul de Rome.
Passant au portrait suivant.
1135 Voici don Galceran de Silva, l'autre Cid !
On lui garde à Toro, près de Valladolid[2],
Une châsse dorée[3] où brûlent mille cierges.
Il affranchit León du tribut des cent vierges[4] !
Passant à un autre.
– Don Blas, – qui, de lui-même et dans sa bonne foi,
1140 S'exila pour avoir mal conseillé le roi.
À un autre.
– Christoval[5] ! – Au combat d'Escalona[6], don Sanche[7],
Le roi, fuyait à pied, et sur sa plume blanche
Tous les coups s'acharnaient ; il cria : Christoval !
Christoval prit la plume et donna son cheval.

---

1. **Don Silvius** : en latinisant le nom de Silva, Hugo donne une origine
ancienne et mythique à la famille de don Ruy. Diérèse (Sil-vi-us).
2. **Toro [...] Valladolid** : villes de la province de León au nord-ouest de
l'Espagne.
3. **Châsse dorée** : voir la note 5 p. 119.
4. **Tribut des cent vierges** : la province du León devait livrer cent jeunes
filles à ses vainqueurs musulmans.
5. **Christoval** : Christophe.
6. **Escalona** : village de la province de Tolède au centre de l'Espagne.
7. **Don Sanche** : nom porté par de nombreux souverains espagnols du XIᵉ
au XIIIᵉ siècle.

À un autre.

1145 – Don Jorge, – qui paya la rançon de Ramire[1],
Roi d'Aragon.

> DON CARLOS, *croisant les bras et le regardant*
> *de la tête aux pieds.*
> Pardieu ! don Ruy, je vous admire !

Continuez !

> DON RUY GOMEZ, *passant à un autre.*
> Voici Ruy Gomez de Silva,

Grand maître de Saint-Jacque et de Calatrava[2].
Son armure géante irait mal à nos tailles ;
1150 Il prit trois cents drapeaux, gagna trente batailles,
Conquit au roi Motril, Antequera, Suez,
Nijar[3], et mourut pauvre. – Altesse, saluez !
Il s'incline, se découvre et passe à un autre. – Le roi l'écoute
avec une impatience et une colère toujours croissantes.
Près de lui, Gil, son fils, cher aux âmes loyales.
Sa main pour un serment valait les mains royales.
À un autre.
1155 – Don Gaspar, de Mendoce et de Silva l'honneur !
Toute noble maison tient à Silva, seigneur.
Sandoval tour à tour nous craint ou nous épouse.
Manrique nous envie et Lara nous jalouse.
Alencastre[4] nous hait. Nous touchons à la fois
1160 Du pied à tous les ducs, du front à tous les rois !

> DON CARLOS

Vous raillez-vous ?...

---

1. **Ramire** : plusieurs souverains espagnols ont porté ce nom du IXe au
XIe siècle et se sont illustrés dans la lutte contre les Maures.
2. **Saint-Jacque et Calatrava** : deux ordres de chevalerie fondés
respectivement en 1175 et 1158.
3. **Motril [...] Nijar** : villes d'Andalousie au sud de l'Espagne ; elles furent
reprises aux musulmans lors de la reconquête aux XIIIe et XIVe siècles.
4. **Mendoce, Sandoval, Manrique, Lara, Alencastre** : noms de grandes
familles de la noblesse espagnole.

DON RUY GOMEZ, *allant à d'autres portraits.*
     Voilà don Vasquez, dit le Sage ;
Don Jayme, dit le Fort. Un jour, sur son passage,
Il arrêta Zamet[1] et cent Maures tout seul.
J'en passe, et des meilleurs.
Sur un geste de colère du roi, il passe un grand nombre de
tableaux, et vient tout de suite aux trois derniers portraits
à gauche du spectateur.
      Voici mon noble aïeul.
1165 Il vécut soixante ans, gardant la foi jurée,
Même aux juifs[2].
À l'avant-dernier.
     Ce vieillard, cette tête sacrée,
C'est mon père. Il fut grand, quoiqu'il vînt le dernier.
Les Maures de Grenade[3] avaient fait prisonnier
Le comte Alvar Giron, son ami. Mais mon père
1170 Prit pour l'aller chercher six cents hommes de guerre ;
Il fit tailler en pierre un comte Alvar Giron
Qu'à sa suite il traîna, jurant par son patron[4]
De ne point reculer que le comte de pierre
Ne tournât front lui-même et n'allât en arrière.
1175 Il combattit, puis vint au comte et le sauva.

      DON CARLOS
Mon prisonnier !

     DON RUY GOMEZ
    C'était un Gomez de Silva !
Voilà donc ce qu'on dit quand dans cette demeure
On voit tous ces héros.

      DON CARLOS
     Mon prisonnier sur l'heure !

---

1. **Zamet** : émir arabe qui régna en Espagne au VIIIe siècle.
2. **Même aux juifs** : les rois catholiques pratiquèrent une politique de répression à l'égard des juifs ; ceux-ci furent contraints à la conversion ou à l'exil à partir de 1492.
3. **Grenade** : voir les notes 1 pp. 116 et 140.
4. **Patron** : saint protecteur.

DON RUY GOMEZ

Il s'incline profondément devant le roi, lui prend la main et
le mène devant le dernier portrait, celui qui sert de porte à
la cachette où il a fait entrer Hernani. Doña Sol le suit des
yeux avec anxiété. – Attente et silence dans l'assistance.
Ce portrait, c'est le mien. – Roi don Carlos, merci[1] ! –
1180 Car vous voulez qu'on dise en le voyant ici :
« Ce dernier, digne fils d'une race si haute
Fut un traître et vendit la tête de son hôte ! »
Joie de doña Sol. Mouvement de stupeur dans les assis-
tants. – Le roi, déconcerté, s'éloigne avec colère, puis reste
quelques instants silencieux, les lèvres tremblantes et l'œil
enflammé.

DON CARLOS
Duc, ton château me gêne et je le mettrai bas !

DON RUY GOMEZ
Car vous me la[2] paieriez, Altesse, n'est-ce pas ?

DON CARLOS
1185 Duc, j'en ferai raser les tours pour tant d'audace
Et je ferai semer du chanvre[3] sur la place !

DON RUY GOMEZ
Mieux voir[4] croître du chanvre où ma tour s'éleva
Qu'une tache ronger le vieux nom de Silva.
Aux portraits.
N'est-il pas vrai, vous tous ?

DON CARLOS
                                    Duc, cette tête est nôtre,
1190 Et tu m'avais promis...

---

1. **Merci :** ici, exprime un refus net et ironique.
2. **La :** la tête d'Hernani.
3. **Chanvre :** la fibre de cette plante était utilisée pour fabriquer les cordes ;
ici, le terme prend une valeur symbolique et suggère le châtiment par la
pendaison.
4. **Mieux voir :** mieux vaut voir.

DON RUY GOMEZ
J'ai promis l'une ou l'autre.

Aux portraits.

N'est-il pas vrai, vous tous ?

Montrant sa tête.

Je donne celle-ci.

Au roi.

Prenez-la.

DON CARLOS
Duc, fort bien. Mais j'y perds, grand merci !
La tête qu'il me faut est jeune, il faut que morte
On la prenne aux cheveux. La tienne ? que m'importe !
1195 Le bourreau la prendrait par les cheveux en vain.
Tu n'en as pas assez pour lui remplir la main !

DON RUY GOMEZ
Altesse, pas d'affront ! Ma tête encore est belle,
Et vaut bien, que je crois[1], la tête d'un rebelle.
La tête d'un Silva, vous êtes dégoûté[2] !

DON CARLOS
1200 Livre-nous Hernani !

DON RUY GOMEZ
Seigneur, en vérité,

J'ai dit[3].

DON CARLOS, *à sa suite.*
Fouillez partout ! et qu'il ne soit point d'aile,
De cave, ni de tour...

DON RUY GOMEZ
Mon donjon est fidèle
Comme moi. Seul il sait le secret avec moi.
Nous le garderons bien tous deux !

DON CARLOS
Je suis le roi !

---

1. **Que je crois :** à ce que je crois.
2. **Vous êtes dégoûté :** vous faites la fine bouche (dérision).
3. **J'ai dit :** sous-entendu, je ne reviendrai pas sur ce que j'ai dit.

DON RUY GOMEZ

1205 Hors que de mon château, démoli pierre à pierre,
On ne fasse ma tombe, on n'aura rien.

DON CARLOS

Prière,
Menace, tout est vain ! – Livre-moi le bandit,
Duc, ou, tête et château, j'abattrai tout !

DON RUY GOMEZ

J'ai dit.

DON CARLOS

Eh bien donc ! au lieu d'une alors j'aurai deux têtes.
Au duc d'Alcala[1].

1210 Jorge ! arrêtez le duc !

DOÑA SOL, *arrachant son voile et se jetant entre le roi,
le duc et les gardes.*

Roi don Carlos, vous êtes
Un mauvais roi !

DON CARLOS

Grand Dieu ! que vois-je ? Doña Sol !

DOÑA SOL

Altesse, tu n'as pas le cœur d'un Espagnol[2] !

DON CARLOS, *troublé.*

Madame, pour le roi vous êtes bien sévère.
Il s'approche de doña Sol.
Bas.
C'est vous qui m'avez mis au cœur cette colère !

1215 Un homme devient ange ou monstre en vous touchant.
Ah ! quand on est haï, que vite on est méchant !
Si vous aviez voulu, peut-être, ô jeune fille,
J'étais grand, j'eusse été le lion[3] de Castille ;

---

1. **Alcala** : plusieurs villes espagnoles portent ce nom.
2. **Espagnol** : le père de don Carlos, Philippe Ier le Beau, naquit à Bruges ;
don Carlos, lui aussi, vit le jour en Belgique, à Gand (1500) : ce n'est qu'en
1517 qu'il arriva en Espagne où il eut du mal à s'imposer auprès des nobles,
surtout en Castille.
3. **Lion** : diérèse (li-on).

Vous m'en faites le tigre avec votre courroux.
1220 Le voilà qui rugit, Madame, taisez-vous !
Doña Sol lui jette un regard. Il s'incline.
Pourtant, j'obéirai.
Se tournant vers le duc.
      Mon cousin, je t'estime.
Ton scrupule après tout peut sembler légitime.
Sois fidèle à ton hôte, infidèle à ton roi.
C'est bien. – Je te fais grâce et suis meilleur que toi.
1225 J'emmène seulement ta nièce comme otage.

       DON RUY GOMEZ
Seulement !

      DOÑA SOL, *interdite.*
   Moi, seigneur !

       DON CARLOS
     Oui, vous !

       DON RUY GOMEZ
        Pas davantage !
Oh ! la grande clémence ! ô généreux vainqueur
Qui ménage la tête et torture le cœur !
Belle grâce !

       DON CARLOS
    Choisis. – Doña Sol ou le traître.
1230 Il me faut l'un des deux.

       DON RUY GOMEZ
       Oh ! vous êtes le maître !
*Don Carlos s'approche de doña Sol pour l'emmener. Elle
se réfugie vers don Ruy Gomez.*

       DOÑA SOL
Sauvez-moi, monseigneur !...
Elle s'arrête. – À part.
       Malheureuse ! il le faut !
La tête de mon oncle ou l'autre !... – Moi plutôt !
Au roi.
Je vous suis !

DON CARLOS, *à part.*
Par les saints, l'idée est triomphante !
Il faudra bien enfin s'adoucir, mon infante[1] !

Doña Sol va d'un pas grave et assuré au coffret qui renferme l'écrin, l'ouvre et y prend le poignard, qu'elle cache dans son sein. Don Carlos vient à elle et lui présente la main.

DON CARLOS, *à doña Sol.*
1235 Qu'emportez-vous là ?

DOÑA SOL
Rien.

DON CARLOS
Un joyau précieux[2] ?

DOÑA SOL
Oui.

DON CARLOS, *souriant.*
Voyons.

DOÑA SOL
Vous verrez.

Elle lui donne la main et se dispose à le suivre. – Don Ruy Gomez, qui est resté immobile et profondément absorbé dans sa pensée, se retourne et fait quelques pas en criant.

DON RUY GOMEZ
Doña Sol ! terre et cieux !
Doña Sol ! – Puisque l'homme ici n'a point d'entrailles[3],
À mon aide, croulez, armures et murailles !
Il court au roi.
Laisse-moi mon enfant ! je n'ai qu'elle, ô mon roi !

DON CARLOS, *lâchant la main de doña Sol.*
1240 Alors, mon prisonnier !

---

1. **Mon infante :** ici, mon enfant. Ce terme désigne généralement la fille d'un roi d'Espagne.
2. **Précieux :** diérèse (pré-ci-eux).
3. **D'entrailles :** de sensibilité.

Le duc baisse la tête et semble en proie à une horrible hésitation ; puis il se relève et regarde les portraits en joignant les mains vers eux.

DON RUY GOMEZ

Ayez pitié de moi,

Vous tous ! –

Il fait un pas vers la cachette ; doña Sol le suit des yeux avec anxiété. Il se retourne vers les portraits.

Oh ! voilez-vous ! votre regard m'arrête !

Il s'avance en chancelant jusqu'à son portrait, puis se retourne encore vers le roi.

Tu le veux ?

DON CARLOS

Oui.

Le duc lève en tremblant la main vers le ressort.

DOÑA SOL

Dieu !

DON RUY GOMEZ

Non !

Il se jette aux genoux du roi.

Par pitié, prends ma tête !

DON CARLOS

Ta nièce !

DON RUY GOMEZ, *se relevant.*

Prends-la donc ! et laisse-moi l'honneur !

DON CARLOS, *saisissant la main de doña Sol tremblante.*

Adieu, duc.

DON RUY GOMEZ

Au revoir. –

Il suit de l'œil le roi, qui se retire lentement avec doña Sol, puis il met la main sur son poignard.

Dieu vous garde, seigneur !

Il revient sur le devant du théâtre, haletant, immobile, sans plus rien voir ni entendre, l'œil fixe, les bras croisés sur sa poitrine, qui les soulève comme par des mouvements

convulsifs. Cependant, le roi sort avec doña Sol, et toute la
suite de seigneurs sort après lui, deux à deux, gravement et
chacun à son rang. Ils se parlent à voix basse entre eux.

DON RUY GOMEZ, *à part.*

1245 Roi, pendant que tu sors joyeux de ma demeure,
Ma vieille loyauté sort de mon cœur qui pleure !

Il lève les yeux, les promène autour de lui, et voit qu'il est
seul. Il court à la muraille, détache deux épées d'une pano-
plie, les mesure toutes deux, puis les dépose sur une table.
Cela fait, il va au portrait, pousse le ressort, la porte cachée
se rouvre.

Scène 7. Don Ruy Gomez, Hernani.

Don Ruy Gomez

Sors.

Hernani paraît à la porte de la cachette. Don Ruy lui montre les deux épées sur la table.

    – Choisis. – Don Carlos est hors de la maison.

Il s'agit maintenant de me rendre raison[1].

Choisis ! et faisons vite. – Allons donc ! ta main tremble !

Hernani

1250 Un duel[2] ! Nous ne pouvons, vieillard, combattre ensemble !

Don Ruy Gomez

Pourquoi donc ? As-tu peur ? N'es-tu point noble ? Enfer !

Noble ou non, pour croiser le fer avec le fer,

Tout homme qui m'outrage est assez gentilhomme !

Hernani

Vieillard...

Don Ruy Gomez

    Viens me tuer ou viens mourir, jeune homme !

Hernani

1255 Mourir, oui. – Vous m'avez sauvé malgré mes vœux.

Donc ma vie est à vous. Reprenez-la.

Don Ruy Gomez

                Tu veux ?

Aux portraits.

Vous voyez qu'il le veut.

À Hernani.

            C'est bon. Fais ta prière.

Hernani

Oh ! c'est à toi, seigneur, que je fais la dernière !

Don Ruy Gomez

Parle à l'autre Seigneur[3] !

---

1. **Rendre raison :** rendre des comptes.
2. **Duel :** ici, le mot compte pour une seule syllabe (synérèse).
3. **Parle à l'autre Seigneur :** fais une prière à Dieu (avant de mourir).

HERNANI
                    Non, non, à toi ! – Vieillard,
1260 Frappe-moi. Tout m'est bon, dague, épée ou poignard !
Mais fais-moi, par pitié, cette suprême joie !
Duc ! avant de mourir, permets que je la voie !

DON RUY GOMEZ
La voir !

HERNANI
                    Au moins permets que j'entende sa voix
Une dernière fois ! rien qu'une seule fois !

DON RUY GOMEZ
1265 L'entendre !

HERNANI
                    Oh ! je comprends, seigneur, ta jalousie.
Mais déjà par la mort ma jeunesse est saisie,
Pardonne-moi. Veux-tu, dis-moi, que, sans la voir,
S'il le faut, je l'entende ? Et je mourrai ce soir.
L'entendre seulement ! Contente mon envie !
1270 Mais, oh ! qu'avec douceur j'exhalerais ma vie
Si tu daignais vouloir qu'avant de fuir aux cieux
Mon âme allât revoir la sienne dans ses yeux !
– Je ne lui dirai rien, tu seras là, mon père !
Tu me prendras après !

DON RUY GOMEZ, *montrant la cachette*
                    encore ouverte.
                                        Saints du ciel ! ce repaire
1275 Est-il donc si profond, si sourd et si perdu,
Qu'il n'ait entendu rien ?

HERNANI
                    Je n'ai rien entendu.

DON RUY GOMEZ
Il a fallu livrer doña Sol ou toi-même.

HERNANI
À qui, livrée ?

DON RUY GOMEZ

Au roi.

HERNANI

Vieillard stupide ! il l'aime !

DON RUY GOMEZ

Il l'aime !

HERNANI

Il nous l'enlève ! il est notre rival !

DON RUY GOMEZ

1280 Ô malédiction[1] ! – Mes vassaux[2] ! à cheval !
À cheval ! poursuivons le ravisseur !

HERNANI

Écoute,
La vengeance au pied sûr fait moins de bruit en route.
Je t'appartiens. Tu peux me tuer. Mais veux-tu
M'employer à venger ta nièce et sa vertu ?
1285 Ma part dans ta vengeance ! oh ! fais-moi cette grâce !
Et s'il faut embrasser tes pieds, je les embrasse !
Suivons le roi tous deux. Viens ; je serai ton bras,
Je te vengerai, duc. – Après, tu me tueras.

DON RUY GOMEZ

Alors, comme aujourd'hui, te laisseras-tu faire ?

HERNANI

1290 Oui, duc.

DON RUY GOMEZ

Qu'en jures-tu ?

HERNANI

La tête de mon père.

DON RUY GOMEZ

Voudras-tu de toi-même un jour t'en souvenir ?

---

1. **Malédiction :** diérèse (ma-lé-dic-ti-on).
2. **Vassaux :** hommes liés à un seigneur (terme de féodalité).

HERNANI, *lui présentant le cor qu'il ôte
de sa ceinture.*

Écoute, prends ce cor. Quoi qu'il puisse advenir,
Quand tu voudras, seigneur, quel que soit le lieu, l'heure,
S'il te passe à l'esprit qu'il est temps que je meure,
1295 Viens, sonne de ce cor, et ne prends d'autres soins ;
Tout sera fait.

DON RUY GOMEZ, *lui tendant la main.*
Ta main ?

Ils se serrent la main. – Aux portraits.
Vous tous, soyez témoins.

Repères

• En position délicate dans les deux actes précédents, don Carlos réapparaît avec toutes ses prérogatives royales ; relevez des exemples attestant de l'efficience de son pouvoir.

Observation

• Identifiez les procédés utilisés par Victor Hugo pour installer la tonalité épique lors de la revue de portraits.
• Quels sont les principaux effets de cette revue ?
• Quels sont les pouvoirs qui s'affrontent dans la scène 6 ?
• Commentez l'attitude de don Carlos au vers 1222.
• Quel éclairage psychologique sur le personnage apporte l'échange proposé aux vers 1229 et 1230 ?
• Étudiez la fonction de l'hésitation de don Ruy Gomez aux vers 1240-1241.
• Analysez la réaction de doña Sol (v. 1231-1233) ; quel renseignement apporte la didascalie qui indique son jeu de scène ?
• Sur le plan de la progression dramatique, que signifient les alexandrins 1245 et 1246 ?
• Par quels termes don Carlos est-il désigné par don Ruy Gomez et Hernani ? Commentez leur signification.
• Pour quelle raison objective Hernani refuse-t-il le duel proposé par don Ruy Gomez ? Justifiez votre réponse.
• Relevez les éléments et les procédés qui signalent une situation de paroxysme dans la scène 7.
• Indiquez les principales étapes du pacte fatal contracté par Hernani.

Interprétations

• Étudiez comment Victor Hugo mêle dans ces deux scènes l'intrigue sentimentale et l'intrigue politique.
• À l'aide d'exemples précis, vous montrerez comment l'acte III concrétise les principes du drame romantique.

Action et coups de théâtre

L'acte III développe une action qui modifie profondément la situation et les rapports entre les protagonistes. L'intensité dramatique est entretenue par une succession de coups de théâtre : scène 3, Hernani révèle son identité ; scène 5, don Ruy Gomez surprend le couple doña Sol/Hernani et découvre dans ce dernier un rival amoureux ; à la fin de cette scène, l'arrivée impromptue de don Carlos bouleverse les rapports de force ; scène 6, don Carlos prend en otage doña Sol ; scène 7, Hernani et don Ruy Gomez, rivaux amoureux, s'associent contre le pouvoir du roi.

L'expression du verbe romantique

Cette mise en scène des sentiments, des conflits, s'appuie sur un emploi libre de l'alexandrin : souvent « brisé », le vers hugolien restitue la tension dramatique et la radicalité des personnages. La ponctuation expressive (où domine le point d'exclamation) permet l'expression d'un « je » multiple : impérieux avec don Ruy Gomez et don Carlos, déchiré avec Hernani et doña Sol. Tantôt lyrique (tirades de don Ruy Gomez, scène 1) ou épique (tirades du même personnage, scène 6), tantôt pathétique (tirades d'Hernani, scène 6), le verbe romantique installe progressivement la tonalité tragique, signe du pacte fatal que contracte le héros (v. 1292-1296).

L'unité d'ensemble du drame romantique

Hugo associe étroitement l'intrigue amoureuse et l'intrigue politique : ainsi, don Carlos enlève doña Sol, mais c'est surtout pour aboutir à ses fins politiques ; Hernani demeure un proscrit, devient le rival amoureux de don Ruy Gomez, mais trouve en celui-ci un allié politique ; don Ruy Gomez, au nom de l'honneur castillan et de son amour pour doña Sol, devient un opposant au roi.

De cette manière, Hugo construit l'unité d'ensemble de l'acte par la conjugaison de trois thématiques romantiques : l'exaltation des valeurs historiques et du sens de l'honneur, l'expression de l'amour malheureux, et enfin la présence d'une fatalité qui pèse sur les personnages.

ACTE IV

Le tombeau

AIX-LA-CHAPELLE

Les caveaux qui renferment le tombeau de Charlemagne, à Aix-la-Chapelle[1]. De grandes voûtes d'architecture lombarde. Gros piliers bas, pleins cintres, chapiteaux d'oiseaux et de fleurs. – À droite, le tombeau de Charlemagne avec une petite porte de bronze, basse et cintrée. Une seule lampe suspendue à une clef de voûte en éclaire l'inscription : KAROLUS MAGNUS[2]. *– Il est nuit. On ne voit pas le fond du souterrain ; l'œil se perd dans les arcades, les escaliers et les piliers qui s'entrecroisent dans l'ombre.*

SCÈNE PREMIÈRE. DON CARLOS, DON RICARDO DE ROXAS, *comte de Casapalma, une lanterne à la main. Grands manteaux, chapeaux rabattus.*

DON RICARDO, *son chapeau à la main.*
C'est ici.

---

1. **Aix-la-Chapelle** : ville d'Allemagne ; Charlemagne en fit la capitale de son empire. Lors du couronnement de Frédéric II de Hohenstaufen (25 juillet 1215), les reliques de Charlemagne furent placées dans le chœur de la cathédrale.
2. **Karolus magnus** : Charlemagne.

DON CARLOS
C'est ici que la ligue[1] s'assemble !
Que je vais dans ma main les tenir tous ensemble !
– Ha ! monsieur l'électeur de Trèves[2], c'est ici !
1300 Vous leur prêtez ce lieu ! Certe, il est bien choisi !
Un noir complot prospère à l'air des catacombes[3].
Il est bon d'aiguiser les stylets[4] sur des tombes.
Pourtant c'est jouer gros. La tête est de l'enjeu,
Messieurs les assassins ! et nous verrons. – Pardieu !
1305 Ils font bien de choisir pour une telle affaire
Un sépulcre ; – ils auront moins de chemin à faire.
À *don Ricardo*.
Ces caveaux sous le sol s'étendent-ils bien loin ?

DON RICARDO
Jusques au château fort.

DON CARLOS
C'est plus qu'il n'est besoin[5].

DON RICARDO
D'autres, de ce côté, vont jusqu'au monastère
1310 D'Altenheim[6]...

DON CARLOS
Où Rodolphe extermina Lothaire[7].
Bien. – Une fois encor, comte, redites-moi

---

1. **Ligue** : l'assemblée des comploteurs contre Charles Quint.
2. **L'électeur de Trèves** : dès le début du Xe siècle, la ville fut gouvernée par son archevêque ; à partir du XIIIe siècle, celui-ci reçut la dignité d'électeur et participa à l'élection du nouvel empereur.
3. **Catacombes** : cavités souterraines servant de sépultures.
4. **Stylets** : poignards à lame mince et pointue.
5. **C'est plus qu'il n'est besoin** : sous-entendu, pour enterrer les conjurés après leur exécution.
6. **Monastère d'Altenheim** : établissement religieux proche d'Aix-la-Chapelle.
7. **Où Rodolphe extermina Lothaire** : après la mort de Charlemagne (742-814), d'incessantes luttes pour le pouvoir agitèrent l'Empire. Lothaire (795-855), petit-fils de Charlemagne et fils de Louis le Pieux (778-840), eut à faire face à de nombreuses rébellions de princes : Rodolphe est probablement l'un d'entre eux.

Les noms et les griefs, où, comment et pourquoi.

DON RICARDO

Gotha[1].

DON CARLOS

Je sais pourquoi le brave duc conspire.
Il veut un Allemand d'Allemagne à l'Empire.

DON RICARDO

1315 Hohenbourg[2].

DON CARLOS

Hohenbourg aimerait mieux, je croi[3],
L'enfer avec François[4] que le ciel avec moi.

DON RICARDO

Don Gil Tellez Giron[5].

DON CARLOS

Castille et Notre-Dame !
Il se révolte donc contre son roi, l'infâme !

DON RICARDO

On dit qu'il vous trouva chez madame Giron
1320 Un soir que vous veniez de le faire baron.
Il veut venger l'honneur de sa tendre compagne.

DON CARLOS

C'est donc qu'il se révolte alors contre l'Espagne.
Qui nomme-t-on encore ?

---

1. **Gotha** : le duc de Saxe-Gotha (son duché se trouvait dans la province de Thuringe).
2. **Hohenbourg** : ancien comté au centre de l'empire d'Allemagne (près de la Bavière).
3. **Croi** : crois ; la suppression du « s » permet la rime pour l'œil avec le vers suivant.
4. **François** : François Ier (1494-1547), voir la note 4 p. 74.
5. **Don Gil Tellez Giron** : il anima la ligue des communes (révoltes des *comuneros*) contre Charles Quint (en fait, celle-ci ne fut formée qu'en 1520).

DON RICARDO
On cite avec ceux-là
Le révérend Vasquez, évêque d'Avila[1].

DON CARLOS
1325 Est-ce aussi pour venger la vertu de sa femme[2] ?

DON RICARDO
Puis Guzman de Lara[3], mécontent, qui réclame
Le collier de votre ordre[4].

DON CARLOS
Ah ! Guzman de Lara !
Si ce n'est qu'un collier qu'il lui faut, il l'aura.

DON RICARDO
Le duc de Lutzelbourg[5]. Quant aux plans qu'on lui prête...

DON CARLOS
1330 Le duc de Lutzelbourg est trop grand de la tête.

DON RICARDO
Juan de Haro[6], qui veut Astorga[7].

DON CARLOS
Ces Haro
Ont toujours fait doubler la solde du bourreau.

DON RICARDO
C'est tout.

---

1. **Le révérend Vasquez, évêque d'Avila** : Vasquez est un nom courant en Espagne ; ici, ce personnage est une création de Victor Hugo. Avila est une ville d'Espagne, en Vieille-Castille, où se réunit en juillet 1520 la ligue des *comuneros* (« Junta Santa »).
2. **La vertu de sa femme** : allusion ironique aux mœurs dissolues de certains prélats.
3. **Guzman de Lara** : nom inventé par Hugo à partir des personnages des pièces de Lope de Vega (1562-1635), notamment *Fuente Ovejuna* (1611), *Étoile de Séville* (1625), et *Le meilleur alcade est le roi* (1635).
4. **Le collier de votre ordre** : voir la note 3 p. 72.
5. **Lutzelbourg** : ville proche de Phalsbourg au centre-ouest de l'Allemagne ; il est probable que ce duché a été imaginé par Hugo.
6. **Juan de Haro** : personnage inventé par Hugo.
7. **Astorga** : ville de la province de León au nord-ouest de l'Espagne.

DON CARLOS

Ce ne sont pas toutes mes têtes. Comte,
Cela ne fait que sept et je n'ai pas mon compte.

DON RICARDO

1335 Ah ! je ne nomme pas quelques bandits gagés
Par Trève[1] ou par la France...

DON CARLOS

Hommes sans préjugés
Dont le poignard, toujours prêt à jouer son rôle,
Tourne aux plus gros écus, comme l'aiguille au pôle !

DON RICARDO

Pourtant j'ai distingué deux hardis compagnons,
1340 Tous deux nouveaux venus, un jeune, un vieux...

DON CARLOS

Leurs
[noms ?

Don Ricardo lève les épaules en signe d'ignorance.
Leur âge ?

DON RICARDO

Le plus jeune a vingt ans.

DON CARLOS

C'est dommage.

DON RICARDO

Le vieux, soixante au moins.

DON CARLOS

L'un n'a pas encor l'âge
Et l'autre ne l'a plus. Tant pis. J'en prendrai soin.
Le bourreau peut compter sur mon aide au besoin.
1345 Ah ! loin que mon épée aux factions soit douce,
Je la lui prêterai si sa hache s'émousse,
Comte ! et pour l'élargir, je coudrai, s'il le faut,

---

1. **Trève** : Trèves, ville du centre-ouest de l'Allemagne ; la suppression du
« s » final rend le « e » muet et assure la mesure de l'alexandrin.

Ma pourpre impériale[1] au drap de l'échafaud.
– Mais serai-je empereur seulement ? –

DON RICARDO
Le collège[2],

1350 À cette heure assemblé, délibère.

DON CARLOS
Que sais-je ?

Ils nommeront François Premier, ou leur Saxon,
Leur Frédéric le Sage[3]... Oh ! Luther a raison,
Tout va mal ! – Beaux faiseurs de majestés sacrées !
N'acceptant pour raisons que les raisons dorées !
1355 Un Saxon hérétique, un comte palatin[4]
Imbécile ! un primat[5] de Trèves libertin !
Quant au roi de Bohême, il est pour moi. – Des princes
De Hesse[6], plus petits encor que leurs provinces !
De jeunes idiots ! des vieillards débauchés !
1360 Des couronnes, fort bien ! mais des têtes ?... cherchez !
Des nains ! que je pourrais, concile ridicule,
Dans ma peau de lion[7] emporter comme Hercule[8] !
Et qui, démaillotés du manteau violet,
Auraient la tête encor de moins que Triboulet[9] !
1365 – Il me manque trois voix, Ricardo ! tout me manque ! –

---

1. **Ma pourpre impériale** : mon manteau d'empereur, couleur de pourpre.
2. **Le collège** : l'assemblée des sept grands électeurs chargés d'élire l'empereur (le comte Palatin, le margrave de Brandebourg, le duc de Saxe, le roi de Bohême et les archevêques de Cologne, de Mayence et de Trèves).
3. **Saxon [...] le Sage** : voir la note 3 p. 74.
4. **Comte palatin** : titre réservé au comte de Rhénanie à partir du XIIᵉ siècle.
5. **Primat** : prélat exerçant une autorité supérieure sur plusieurs archevêchés et évêchés.
6. **Hesse** : région située au centre de l'Allemagne.
7. **Lion** : diérèse (li-on).
8. **Ma peau [...] Hercule** : référence à Hercule, héros de la mythologie, qui, au cours d'un de ses « travaux », tua un lion monstrueux de la région de Némée et revêtit sa peau.
9. **Triboulet** : ce personnage historique (v. 1479-v. 1536) fut le fou en titre de Louis XII, puis de François Iᵉʳ ; on lui attribuait des mots d'esprit. Victor Hugo l'a mis en scène dans sa pièce *Le roi s'amuse* (1832).

Oh ! je donnerais Gand, Tolède et Salamanque[1],
Mon ami Ricardo, trois villes à leur choix,
Pour trois voix, s'ils voulaient ! Vois-tu, pour ces trois voix,
Oui, trois de mes cités de Castille ou de Flandre,
1370 Je les donnerais ! – sauf, plus tard, à les reprendre !
*Don Ricardo salue profondément le roi, et met son chapeau
sur sa tête.*
– Vous vous couvrez ?

DON RICARDO
Seigneur, vous m'avez tutoyé[2],
Saluant de nouveau.
Me voilà grand d'Espagne.

DON CARLOS, à part.
Ah ! tu me fais pitié !
Ambitieux[3] de rien ! – Engeance[4] intéressée !
Comme à travers la nôtre ils suivent leur pensée !
1375 Basse-cour où le roi, mendié sans pudeur,
À tous ces affamés émiette la grandeur.
Rêvant.
Dieu seul et l'empereur sont grands ! – et le Saint-Père !
Le reste !... rois et ducs ! qu'est cela ?

DON RICARDO
Moi, j'espère
Qu'ils prendront Votre Altesse.

DON CARLOS, à part.
Altesse ! Altesse, moi !
1380 J'ai du malheur en tout. – S'il fallait rester roi !

DON RICARDO, à part.
Baste[5] ! empereur ou non, me voilà grand d'Espagne.

---

1. **Salamanque :** capitale du royaume de León.
2. **Vous m'avez tutoyé :** le roi d'Espagne réservait le tutoiement aux grands
d'Espagne.
3. **Ambitieux :** diérèse (am-bi-ti-eux).
4. **Engeance :** personne méprisable.
5. **Baste :** il suffit, assez.

DON CARLOS

Sitôt qu'ils auront fait l'empereur d'Allemagne,
Quel signal à la ville annoncera son nom ?

DON RICARDO

Si c'est le duc de Saxe, un seul coup de canon.
1385 Deux si c'est le Français, trois si c'est Votre Altesse.

DON CARLOS

Et cette doña Sol !... Tout m'irrite et me blesse !
Comte, si je suis fait empereur, par hasard,
Cours la chercher. – Peut-être on[1] voudra d'un César[2] !...

DON RICARDO, *souriant.*

Votre Altesse est bien bonne !

DON CARLOS, *l'interrompant avec hauteur.*

Ha ! là-dessus, silence !
1390 Je n'ai point dit encor ce que je veux qu'on pense.
Quand saura-t-on le nom de l'élu ?

DON RICARDO

Mais, je crois,

Dans une heure, au plus tard.

DON CARLOS

Oh ! trois voix ! rien que trois !
– Mais écrasons d'abord ce ramas[3] qui conspire,
Et nous verrons après à qui sera l'empire.

Il compte sur ses doigts et frappe du pied.

1395 Toujours trois voix de moins ! – Ah ! ce sont eux qui l'ont !
– Ce Corneille Agrippa[4] pourtant en sait bien long !
Dans l'océan céleste il a vu treize étoiles
Vers la mienne, du nord, venir à pleines voiles. –
J'aurai l'empire ! allons. – Mais d'autre part on dit

---

1. **On** : ici, doña Sol.
2. **César** : titre donné aux empereurs romains.
3. **Ramas** : réunion de gens méprisables.
4. **Corneille Agrippa** : ce personnage historique (1486-1535), médecin, astrologue et magicien, deviendra l'historiographe de Charles Quint.

1400 Que l'abbé Jean Tritême[1] à François l'a prédit.
— J'aurais dû, pour mieux voir ma fortune éclaircie,
Avec quelque armement aider la prophétie !
Toutes prédictions[2] du sorcier le plus fin
Viennent bien mieux à terme et font meilleure fin
1405 Quand une bonne armée, avec canons et piques,
Gens de pied, de cheval, fanfares et musiques,
Prête à montrer la route au sort qui veut broncher,
Leur sert de sage-femme et les fait accoucher.
Lequel vaut mieux, Corneille Agrippa ? Jean Tritême ?
1410 Celui dont une armée explique le système,
Qui met un fer de lance au bout de ce qu'il dit,
Et compte maint soudard[3], lansquenet[4] ou bandit[5]
Dont l'estoc[6], refaisant la fortune imparfaite,
Taille l'événement au plaisir du prophète.
1415 — Pauvres fous ! qui, l'œil fier, le front haut, visent droit
À l'empire du monde et disent : J'ai mon droit !
Ils ont force canons, rangés en longues files,
Dont le souffle embrasé ferait fondre des villes ;
Ils ont vaisseaux, soldats, chevaux, et vous croyez
1420 Qu'ils vont marcher au but sur les peuples broyés...
Baste ! au grand carrefour de la fortune humaine
Qui mieux encor qu'au trône à l'abîme nous mène,
À peine ils font trois pas, qu'indécis, incertains,
Tâchant en vain de lire au livre des destins,

---

1. **L'abbé Jean Tritême** : cet autre personnage historique (1483-1506), savant, théologien et historien, aurait prédit l'avenir à François Ier.
2. **Prédictions** : diérèse (am-bi-ti-on).
3. **Soudard** : soldat mercenaire, mais aussi individu brutal et grossier.
4. **Lansquenet** : fantassin allemand servant comme mercenaire les rois de France.
5. **Bandit** : membre d'une troupe de soldats (la nuance péjorative n'est pas à exclure).
6. **Estoc** : grande épée droite.

1425 Ils hésitent, peu sûrs d'eux-même[1], et dans le doute
Au nécroman[2] du coin vont demander leur route !
À don Ricardo.
    – Va-t'en. C'est l'heure où vont venir les conjurés.
Ah ! la clef du tombeau !

            DON RICARDO, *remettant une clef au roi.*
                            Seigneur, vous songerez
Au comte de Limbourg[3], gardien capitulaire[4],
1430 Qui me l'a confiée et fait tout pour vous plaire.

            DON CARLOS, *le congédiant.*
Fais tout ce que j'ai dit ! tout !

            DON RICARDO, *s'inclinant.*
                            J'y vais de ce pas,
Altesse !

            DON CARLOS
        Il faut trois coups de canon, n'est-ce pas ?
Don Ricardo s'incline et sort.
Don Carlos, resté seul, tombe dans une profonde rêverie.
Ses bras se croisent, sa tête fléchit sur sa poitrine ; puis il la
relève et se tourne vers le tombeau.

---

1. **Eux-même** : l'adjectif *même* s'accorde avec le pronom *eux* ; en supprimant le « s », Hugo évite artificiellement une syllabe supplémentaire et « respecte » ainsi la mesure de l'alexandrin.
2. **Nécroman** : de « nécromant », magicien qui donne des révélations sur l'avenir en prétendant consulter les morts.
3. **Limbourg** : province des Pays-Bas.
4. **Gardien capitulaire** : gardien désigné par un chapitre (une assemblée religieuse).

SCÈNE 2. DON CARLOS, *seul*.

Charlemagne, pardon ! – Ces voûtes solitaires
Ne devraient répéter que paroles austères ;
1435 Tu t'indignes sans doute à ce bourdonnement
Que nos ambitions[1] font sur ton monument.
    – Charlemagne est ici ! – Comment, sépulcre sombre,
Peux-tu sans éclater contenir si grande ombre ?
Es-tu bien là, géant d'un monde créateur[2],
1440 Et t'y peux-tu coucher de toute ta hauteur ? –
Ah ! c'est un beau spectacle à ravir la pensée
Que l'Europe ainsi faite et comme il l'a laissée !
Un édifice, avec deux hommes au sommet,
Deux chefs élus[3] auxquels tout roi né[4] se soumet.
1445 Presque tous les États, duchés, fiefs militaires,
Royaumes, marquisats, tous sont héréditaires ;
Mais le peuple a parfois son pape ou son césar,
Tout marche, et le hasard corrige le hasard.
De là vient l'équilibre, et toujours l'ordre éclate.
1450 Électeurs de drap d'or[5], cardinaux d'écarlate[6],
Double sénat sacré dont la terre s'émeut,
Ne sont là qu'en parade, et Dieu veut ce qu'il veut.
Qu'une idée, au besoin[7] des temps, un jour éclose,
Elle grandit, va, court, se mêle à toute chose,
1455 Se fait homme, saisit les cœurs, creuse un sillon ;
Maint roi la foule aux pieds ou lui met un bâillon ;

---

1. **Ambitions** : diérèse (am-bi-ti-ons).
2. **D'un monde créateur** : créateur d'un monde (inversion).
3. **Deux chefs élus** : le pape et l'empereur.
4. **Roi né** : roi héréditaire (contrairement au pape et à l'empereur).
5. **Drap d'or** : le manteau des électeurs était confectionné avec un riche tissu de soie rehaussé de dessins brochés en fils d'or.
6. **Cardinaux d'écarlate** : les cardinaux portaient un vêtement d'un rouge éclatant.
7. **Au besoin** : selon le besoin.

*Maquette de décor pour l'acte IV d'*Hernani.

Mais qu'elle entre un matin à la diète, au conclave[1],
Et tous les rois soudain verront l'idée esclave
Sur leurs têtes de rois que ses pieds courberont
1460 Surgir, le globe en main ou la tiare[2] au front.
Le pape et l'empereur sont tout. Rien n'est sur terre
Que pour eux et par eux. Un suprême mystère
Vit en eux ; et le ciel, dont ils ont tous les droits,

---

1. **Diète [...] conclave** : la Diète était l'assemblée du Saint Empire composée,
à partir de 1489, de trois collèges, ceux des Électeurs, des princes et des villes
impériales ; le conclave est la réunion des cardinaux chargés d'élire un
nouveau pape.
2. **Le globe [...] la tiare** : le globe représente un attribut symbolique de
l'empereur ; la tiare est la coiffure circulaire entourée de trois couronnes
portée par le pape.

Leur fait un grand festin des peuples et des rois,
1465 Et les tient sous sa nue[1], où son tonnerre gronde,
Seuls, assis à la table où Dieu leur sert le monde.
Tête à tête ils sont là, réglant et retranchant,
Arrangeant l'univers comme un faucheur son champ.
Tout se passe entre eux deux. Les rois sont à la porte,
1470 Respirant la vapeur des mets que l'on apporte,
Regardant à la vitre, attentifs, ennuyés,
Et se haussant pour voir sur la pointe des pieds.
Le monde au-dessous d'eux s'échelonne et se groupe.
Ils font et défont. L'un délie et l'autre coupe[2].
1475 L'un est la vérité, l'autre est la force. Ils ont
Leur raison en eux-même, et sont parce qu'ils sont.
Quand ils sortent, tous deux égaux, du sanctuaire[3],
L'un dans sa pourpre, et l'autre avec son blanc suaire,
L'univers ébloui contemple avec terreur
1480 Ces deux moitiés de Dieu, le pape et l'empereur.
– L'empereur ! l'empereur ! être empereur ! – Ô rage,
Ne pas l'être ! – et sentir son cœur plein de courage !
Qu'il fut heureux celui qui dort dans ce tombeau !
Qu'il fut grand ! – De son temps c'était encor plus beau.
1485 Le pape et l'empereur ! ce n'était plus deux hommes.
Pierre et César[4] ! en eux accouplant les deux Romes[5],
Fécondant l'une et l'autre en un mystique hymen,
Redonnant une forme, une âme au genre humain,
Faisant refondre en bloc peuples et pêle-mêle,

---

1. **Sa nue** : son nuage.
2. **L'un délie et l'autre coupe** : le pape absout les péchés et l'empereur règle les problèmes politiques (éventuellement par la force) ; par ce parallélisme, Hugo évoque la distinction entre pouvoir spirituel et pouvoir temporel.
3. **Blanc suaire** : ici, les vêtements blancs du pape ; le suaire désigne généralement le tissu qui enveloppe les morts.
4. **Pierre et César** : saint Pierre (?-v. 64 ap. J.-C) fut le premier pape ; César désigne Caius Julius Caesar (100-44 av. J.-C), général et homme politique romain qui fut le premier à porter à vie le titre d'empereur (*imperator*).
5. **Les deux Romes** : la Rome religieuse et la Rome politique.

1490 Royaumes, pour en faire une Europe nouvelle,
     Et tous deux remettant au moule de leur main
     Le bronze qui restait du vieux monde romain !
     Oh ! quel destin ! – Pourtant cette tombe est la sienne !
     Tout est-il donc si peu que ce soit là qu'on vienne ?
1495 Quoi donc ! avoir été prince, empereur et roi !
     Avoir été l'épée ! avoir été la loi !
     Géant, pour piédestal avoir eu l'Allemagne !
     Quoi ! pour titre César et pour nom Charlemagne !
     Avoir été plus grand qu'Annibal[1], qu'Attila[2],
1500 Aussi grand que le monde !... – et que tout tienne là !
     Ha ! briguez donc l'empire, et voyez la poussière
     Que fait un empereur, couvrez la terre entière
     De bruit et de tumulte. Élevez, bâtissez
     Votre empire, et jamais ne dites : C'est assez !
1505 Taillez à larges pans un édifice immense !
     Savez-vous ce qu'un jour il en reste ? – ô démence !
     Cette pierre ! – et du titre et du nom triomphants ? –
     Quelques lettres à faire épeler des enfants.
     Si haut que soit le but où votre orgueil aspire,
1510 Voilà le dernier terme !... Oh ! l'empire ! l'empire !
     Que m'importe ! j'y touche, et le trouve à mon gré.
     Quelque chose me dit : Tu l'auras ! – Je l'aurai. –
     Si je l'avais !... – Ô ciel ! être ce qui commence !
     Seul, debout, au plus haut de la spirale immense !
1515 D'une foule d'États l'un sur l'autre étagés
     Être la clef de voûte, et voir sous soi rangés
     Les rois, et sur leur tête essuyer ses sandales ;
     Voir au-dessous des rois les maisons féodales[3],

---

1. **Annibal** : ou Hannibal (v. 247-184 av. J.-C), ce général carthaginois menaça l'Empire romain (victoire de Cannes, le 2 août 216) avant d'être défait.
2. **Attila** : roi des Huns (v. 395-453), peuple d'origine mongole, qui envahit l'Europe au Vᵉ siècle.
3. **Maisons féodales** : grandes familles nobles.

Margraves[1], cardinaux, doges[2], ducs à fleurons[3] ;
1520 Puis évêques, abbés, chefs de clans[4], hauts barons[5] ;
Puis clercs[6] et soldats ; puis, loin du faîte où nous sommes,
Dans l'ombre, tout au fond de l'abîme, – les hommes.
– Les hommes ! – c'est-à-dire une foule, une mer,
Un grand bruit ; pleurs et cris, parfois un rire amer,
1525 Plainte qui, réveillant la terre qui s'effare,
À travers tant d'échos, nous arrive fanfare !
Les hommes ! – des cités, des tours, un vaste essaim, –
De hauts clochers d'église à sonner le tocsin ! –
Rêvant.
Base de nations[7] portant sur leurs épaules
1530 La pyramide énorme appuyée aux deux pôles,
Flots vivants, qui toujours l'étreignant de leurs plis,
La balancent, branlante, à leur vaste roulis,
Font tout changer de place et, sur ses hautes zones,
Comme des escabeaux font chanceler les trônes,
1535 Si bien que tous les rois, cessant leurs vains débats,
Lèvent les yeux au ciel... – Rois ! regardez en bas !
– Ah ! le peuple ! – océan ! – onde sans cesse émue !
Où l'on ne jette rien sans que tout ne remue !
Vague qui broie un trône et qui berce un tombeau !
1540 Miroir où rarement un roi se voit en beau !
Ah ! si l'on regardait parfois dans ce flot sombre,
On y verrait au fond des empires sans nombre,
Grands vaisseaux naufragés, que son flux et reflux

---

1. **Margraves** : terme d'origine allemande (*Markgraf*, « comte, gouverneur, d'une marche », c'est-à-dire d'une province frontalière de l'Empire) ; titre de certains princes souverains d'Allemagne.
2. **Doges** : souverains élus des républiques de Venise et de Gênes.
3. **Fleurons** : ornements en forme de fleur sur le bord supérieur des couronnes ducales.
4. **Clans** : tribus écossaises ou irlandaises formées de plusieurs familles ayant un ancêtre commun.
5. **Hauts barons** : grands seigneurs de royaume (terme féodal).
6. **Clercs** : ecclésiastiques.
7. **Nations** : diérèse (na-ti-ons).

Roule, et qui le gênaient, et qu'il ne connaît plus !
1545   – Gouverner tout cela ! – Monter, si l'on vous nomme,
À ce faîte ! – Y monter, sachant qu'on n'est qu'un homme !
  – Avoir l'abîme là !... – Pourvu qu'en ce moment
Il n'aille pas me prendre un éblouissement !
Oh ! d'États et de rois mouvante pyramide !
1550   Ton faîte est bien étroit ! – Malheur au pied timide !
À qui me retiendrai-je ?... – Oh ! si j'allais faillir[1]
En sentant sous mes pieds le monde tressaillir !
En sentant vivre, sourdre et palpiter la terre !
  – Puis, quand j'aurai ce globe[2] entre mes mains, qu'en faire ?
1555   Le pourrai-je porter seulement ? Qu'ai-je en moi ?
Être empereur ! mon Dieu ! j'avais trop d'être roi !
Certe, il n'est qu'un mortel de race peu commune
Dont puisse s'élargir l'âme avec la fortune.
Mais moi ! qui me fera grand ? qui sera ma loi ?
1560   Qui me conseillera ?... –
Il tombe à deux genoux devant le tombeau.

                      Charlemagne ! c'est toi !
Oh ! puisque Dieu, pour qui tout obstacle s'efface,
Prend nos deux majestés et les met face à face,
Verse-moi dans le cœur, du fond de ce tombeau,
Quelque chose de grand, de sublime et de beau !
1565   Oh ! par tous ses côtés fais-moi voir toute chose !
Montre-moi que le monde est petit, car je n'ose
Y toucher. Montre-moi que sur cette Babel[3]
Qui du pâtre à César va montant jusqu'au ciel,
Chacun en son degré se complaît et s'admire,
1570   Voit l'autre par-dessous et se retient d'en rire.
Apprends-moi tes secrets de vaincre et de régner,

---

1. **Faillir** : échouer.
2. **Globe** : voir la note 2 p. 169.
3. **Babel** : selon la Genèse (XI-1, 9), il s'agit d'une grande tour (de forme pyramidale) que les descendants de Noé essayèrent d'élever jusqu'au ciel ; ils furent punis de leur présomption par la confusion des langues. Ici, Hugo évoque surtout la hiérarchie de la société (voir le vers suivant).

Et dis-moi qu'il vaut mieux punir que pardonner !
– N'est-ce pas ? – S'il est vrai qu'en son lit solitaire
Parfois une grande ombre, au bruit que fait la terre,
1575 S'éveille, et que soudain son tombeau large et clair
S'entrouvre, et dans la nuit jette au monde un éclair,
Si cette chose est vraie, empereur d'Allemagne,
Oh ! dis-moi ce qu'on peut faire après Charlemagne !
Parle ! dût en parlant ton souffle souverain
1580 Me briser sur le front cette porte d'airain[1] !
Ou plutôt, laisse-moi seul dans ton sanctuaire
Entrer ; laisse-moi voir ta face mortuaire ;
Ne me repousse pas d'un souffle d'aquilons[2] ;
Sur ton chevet de pierre accoude-toi. Parlons.
1585 Oui, dusses-tu me dire, avec ta voix fatale,
De ces choses qui font l'œil sombre et le front pâle,
Parle, et n'aveugle pas ton fils épouvanté,
Car ta tombe sans doute est pleine de clarté !
Ou, si tu ne dis rien, laisse en ta paix profonde
1590 Carlos étudier ta tête comme un monde ;
Laisse, qu'il te mesure à loisir, ô géant ;
Car rien n'est ici-bas si grand que ton néant !
Que la cendre, à défaut de l'ombre[3], me conseille !
Il approche la clef de la serrure.
Entrons !
Il recule.
    Dieu ! S'il allait me parler à l'oreille !
1595 S'il était là, debout et marchant à pas lents !
Si j'allais ressortir avec des cheveux blancs[4] !
Entrons toujours ! –
Bruit de pas.

---

1. **D'airain** : de bronze.
2. **Aquilons** : vents du Nord, froids et violents.
3. **Ombre** : ici, fantôme.
4. **Cheveux blancs** : les émotions fortes peuvent provoquer un changement brutal de la couleur des cheveux.

On vient ! – Qui donc ose à cette heure,
Hors moi, d'un pareil mort éveiller la demeure ?
Qui donc ?
Le bruit s'approche.
Ah ! j'oubliais ! ce sont mes assassins !
1600 Entrons !
Il ouvre la porte du tombeau qu'il referme sur lui. – Entrent
plusieurs hommes marchant à pas sourds, cachés sous leurs
manteaux et leurs chapeaux.

REPÈRES

• Les trois premiers actes se déroulaient en Espagne dans des lieux différents ; ici, Hugo place l'action à Aix-la-Chapelle, en Allemagne. Retrouvez, dans les actes I et II, les scènes qui préparent ce changement de lieu. Quel principe de la dramaturgie classique Hugo rejette-t-il ainsi ?

OBSERVATION

• Étudiez les procédés employés par Victor Hugo pour présenter les conjurés (v. 1312-1349).
• Relevez et analysez brièvement les deux vers qui entretiennent le suspense sur l'issue de l'élection de l'empereur.
• Quelle conception de la politique apparaît dans le discours de don Carlos aux vers 1410-1414 ?
• Dans la scène 1, relevez les vers qui introduisent implicitement don Ruy Gomez et Hernani ; quelle est leur fonction dramatique ?
• Présentez les différentes étapes de la scène 1.
• Quelle figure de style désigne les hommes dans le discours de don Carlos (v. 1523-1544) ? Montrez en quoi il s'agit plus des propos de Victor Hugo que de ceux d'un roi.
• Commentez les vers 1597-1599.
• Mettez en évidence les grandes phases du monologue de don Carlos.
• L'antithèse est une figure de style omniprésente dans la pièce ; relevez quelques exemples dans ce monologue ; quels effets produit-elle ?

INTERPRÉTATIONS

• À l'aide d'exemples précis, vous montrerez comment la scène 1 constitue une illustration de la dramaturgie romantique.
• Proposez une lecture méthodique de la scène 2 à partir des trois axes suivants :
1) don Carlos, une figure romantique ;
2) une réflexion sur le pouvoir absolu ;
3) la présence hugolienne.

SCÈNE 3. LES CONJURÉS.
Ils vont les uns aux autres en se prenant la main et en échangeant quelques paroles à voix basse.

PREMIER CONJURÉ, *portant seul une torche allumée.*
Ad augusta.

DEUXIÈME CONJURÉ
Per angusta[1].

PREMIER CONJURÉ
Les saints

Nous protègent.

TROISIÈME CONJURÉ
Les morts nous servent.

PREMIER CONJURÉ
Dieu nous garde.

Bruit de pas dans l'ombre.

DEUXIÈME CONJURÉ

Qui vive ?

VOIX DANS L'OMBRE
Ad augusta.

DEUXIÈME CONJURÉ
Per angusta.

Entrent de nouveaux conjurés. – Bruit de pas.

PREMIER CONJURÉ, *au troisième.*
Regarde.

Il vient encor quelqu'un.

TROISIÈME CONJURÉ
Qui vive ?

VOIX DANS L'OMBRE
Ad augusta.

TROISIÈME CONJURÉ

Per angusta.

---

1. **Ad augusta. Per angusta** : vers les sommets, par des voies étroites (mot de passe des conjurés).

Entrent de nouveaux conjurés, qui échangent des signes de main avec tous les autres.

PREMIER CONJURÉ
C'est bien. Nous voilà tous. – Gotha,
1605 Fais le rapport. – Amis, l'ombre attend la lumière.

Tous les conjurés s'asseyent en demi-cercle sur des tombeaux. Le premier conjuré passe tour à tour devant tous, et chacun allume à sa torche une cire qu'il tient à la main. Puis le premier conjuré va s'asseoir en silence sur une tombe, au centre du cercle et plus haute que les autres.

LE DUC DE GOTHA, *se levant.*
Amis, Charles d'Espagne, étranger par sa mère[1],
Prétend au Saint Empire.

PREMIER CONJURÉ
Il aura le tombeau.

LE DUC DE GOTHA
Il jette sa torche à terre et l'écrase du pied.
Qu'il en soit de son front comme de ce flambeau !

TOUS
Que ce soit !

PREMIER CONJURÉ
Mort à lui !

LE DUC DE GOTHA
Qu'il meure !

TOUS
Qu'on l'immole !

DON JUAN DE HARO
1610 Son père est Allemand[2].

LE DUC DE LUTZELBOURG
Sa mère est Espagnole.

---

1. **Étranger par sa mère** : Jeanne la Folle (1479-1555), la mère de don Carlos, était espagnole.
2. **Allemand** : Philippe Ier le Beau (1478-1506), le père de don Carlos, était archiduc d'Autriche et fils de l'empereur Maximilien Ier de Habsbourg (1459-1519).

LE DUC DE GOTHA
Il n'est plus Espagnol et n'est pas Allemand.
Mort !

UN CONJURÉ
Si les électeurs allaient en ce moment
Le nommer empereur ?

PREMIER CONJURÉ
Eux ! lui ! jamais !

DON GIL TELLEZ GIRON
Qu'importe !
Amis ! frappons la tête et la couronne est morte !

PREMIER CONJURÉ
1615 S'il a le Saint Empire, il devient, quel qu'il soit,
Très auguste, et Dieu seul peut le toucher du doigt !

LE DUC DE GOTHA
Le plus sûr, c'est qu'avant d'être auguste, il expire !

PREMIER CONJURÉ
On ne l'élira point !

TOUS
Il n'aura pas l'empire !

PREMIER CONJURÉ
Combien faut-il de bras pour le mettre au linceul ?

TOUS
1620 Un seul.

PREMIER CONJURÉ
Combien faut-il de coups au cœur ?

TOUS
Un seul.

PREMIER CONJURÉ
Qui frappera ?

TOUS
Nous tous !

PREMIER CONJURÉ
La victime est un traître.
Ils font un empereur. Nous, faisons un grand prêtre.
Tirons au sort.

*Tous les conjurés écrivent leur nom sur leurs tablettes,
déchirent la feuille, la roulent, et vont l'un après l'autre la
jeter dans l'urne d'un tombeau. – Puis le premier conjuré
dit :*

— Prions.

Tous s'agenouillent. Le premier conjuré se relève et dit :
                      Que l'élu croie en Dieu,

Frappe comme un Romain, meure comme un Hébreu[1] !
1625 Il faut qu'il brave roue et tenailles mordantes,
Qu'il chante aux chevalets, rie aux lampes ardentes[2],
Enfin que, pour tuer et mourir résigné,
Il fasse tout !
Il tire un des parchemins de l'urne.

TOUS

Quel nom ?

PREMIER CONJURÉ, *à haute voix.*
Hernani.

HERNANI, *sortant de la foule des conjurés.*

                           J'ai gagné !

Je te tiens, toi que j'ai si longtemps poursuivie,
1630 Vengeance !

DON RUY GOMEZ, *perçant la foule et prenant
Hernani à part.*

Oh ! cède-moi ce coup !

HERNANI

                       Non, sur ma vie !

Oh ! ne m'enviez pas ma fortune, seigneur !
C'est la première fois qu'il m'arrive bonheur !

---

1. **Frappe [...] Hébreu :** avec le courage du soldat et la foi du croyant.
2. **Roue [...] ardentes :** énumération des instruments de torture utilisés pour obtenir des aveux.

DON RUY GOMEZ

Tu n'as rien. Eh bien, tout, fiefs[1], châteaux, vasselages[2],
Cent mille paysans dans mes trois cents villages,
1635 Pour ce coup à frapper, je te les donne, ami !

HERNANI

Non !

LE DUC DE GOTHA
        Ton bras porterait un coup moins affermi,
Vieillard !

DON RUY GOMEZ
        Arrière ! vous ! sinon le bras, j'ai l'âme.
Aux rouilles du fourreau ne jugez point la lame.
À Hernani.
– Tu m'appartiens !

HERNANI
                Ma vie à vous, la sienne à moi.

DON RUY GOMEZ, *tirant le cor de sa ceinture.*
1640 Elle ! je te la cède, et te rends ce cor[3].

HERNANI, *ébranlé.*
                        Quoi ?
La vie et doña Sol ! – Non ! je tiens ma vengeance !
Avec Dieu dans ceci je suis d'intelligence[4].
J'ai mon père à venger !... peut-être plus encor !

DON RUY GOMEZ
Elle ! je te la donne, et je te rends ce cor !

HERNANI
1645 Non !

DON RUY GOMEZ
        Réfléchis, enfant !

HERNANI
                Duc ! laisse-moi ma proie !

---

1. **Fiefs** : au Moyen Âge, domaines concédés par un seigneur à des vassaux.
2. **Vasselages** : état des vassaux liés à un seigneur.
3. **Cor** : voir acte III, scène 7.
4. **Je suis d'intelligence** : je suis de connivence.

DON RUY GOMEZ
Eh bien ! maudit sois-tu de m'ôter cette joie !
Il remet le cor à sa ceinture.

PREMIER CONJURÉ, *à Hernani.*
Frère ! avant qu'on ait pu l'élire, il serait bien
D'attendre dès ce soir Carlos...

HERNANI
Ne craignez rien !
Je sais comment on pousse un homme dans la tombe.

PREMIER CONJURÉ
1650 Que toute trahison sur le traître retombe,
Et Dieu soit avec vous ! – Nous, comtes et barons,
S'il périt sans tuer, continuons ! – Jurons
De frapper tour à tour et sans nous y soustraire
Carlos qui doit mourir.

TOUS, *tirant leurs épées.*
Jurons !

LE DUC DE GOTHA, *au premier conjuré.*
Sur quoi, mon frère ?

DON RUY GOMEZ, *retourne son épée, la prend
par la pointe et l'élève au-dessus de sa tête.*
1655 Jurons sur cette croix !

TOUS, *élevant leurs épées.*
Qu'il[1] meure impénitent[2] !

*On entend un coup de canon éloigné. Tous s'arrêtent en
silence. – La porte du tombeau s'entrouvre. Don Carlos
paraît sur le seuil, pâle ; il écoute. – Un second coup. – Un
troisième coup. – Il ouvre tout à fait la porte du tombeau,
mais sans faire un pas, debout et immobile sur le seuil.*

---

1. **Il** : Hernani, élu pour assassiner don Carlos.
2. **Impénitent** : sans avoir pu se confesser et se repentir de ses fautes.

SCÈNE 4. LES CONJURÉS, DON CARLOS, *puis* DON RICARDO, SEIGNEURS, GARDES, LE ROI DE BOHÊME, LE DUC DE BAVIÈRE, *puis* DOÑA SOL.

DON CARLOS

Messieurs, allez plus loin ! l'empereur vous entend.
Tous les flambeaux s'éteignent à la fois. – Profond
silence. – Il fait un pas dans les ténèbres si épaisses qu'on y
distingue à peine les conjurés muets et immobiles.
Silence et nuit ! l'essaim en sort et s'y replonge !
Croyez-vous que ceci va passer comme un songe,
Et que je vous prendrai, n'ayant plus vos flambeaux[1],
1660 Pour des hommes de pierre assis sur leurs tombeaux ?
Vous parliez tout à l'heure assez haut, mes statues !
Allons ! relevez donc vos têtes abattues,
Car voici Charles Quint ! Frappez ! faites un pas !
Voyons : oserez-vous ? – Non, vous n'oserez pas !
1665 – Vos torches flamboyaient sanglantes sous ces voûtes.
Mon souffle a donc suffi pour les éteindre toutes !
Mais voyez, et tournez vos yeux irrésolus,
Si j'en éteins beaucoup, j'en allume encor plus !
Il frappe de la clef de fer sur la porte de bronze du tombeau.
À ce bruit, toutes les profondeurs du souterrain se rem-
plissent de soldats portant des torches et des pertuisanes.
À leur tête, le duc d'Alcala, le marquis d'Almuñan, etc.
– Accourez, mes faucons ! j'ai le nid, j'ai la proie !
Aux conjurés.
1670 – J'illumine à mon tour. Le sépulcre flamboie !
Regardez !
Aux soldats.
　　　　Venez tous ! car le crime est flagrant !

---

1. **N'ayant plus vos flambeaux :** puisque vous n'avez plus vos flambeaux.

HERNANI, *regardant les soldats.*
À la bonne heure ! seul, il me semblait trop grand.
C'est bien. – J'ai cru d'abord que c'était Charlemagne,
Ce n'est que Charles Quint !

DON CARLOS, *au duc d'Alcala.*
Connétable[1] d'Espagne !
Au marquis d'Almuñan.
1675 Amiral[2] de Castille, ici ! – Désarmez-les.
On entoure les conjurés et on les désarme.

DON RICARDO, *accourant et s'inclinant jusqu'à terre.*
Majesté !...

DON CARLOS
Je te fais alcade du palais[3].

DON RICARDO, *s'inclinant de nouveau.*
Deux électeurs, au nom de la chambre dorée[4],
Viennent complimenter la Majesté sacrée !

DON CARLOS
Qu'ils entrent.
Bas à Ricardo.
Doña Sol !
Ricardo salue et sort. – Entrent, avec flambeaux et fanfares, le roi de Bohême et le duc de Bavière, tout en drap d'or, couronnes en tête. Nombreux cortège de seigneurs allemands, portant la bannière de l'empire, l'aigle à deux têtes, avec l'écusson d'Espagne au milieu. – Les soldats s'écartent, se rangent en haie, et font passage aux deux électeurs, jusqu'à l'empereur qu'ils saluent profondément, et qui leur rend leur salut en soulevant son chapeau.

---

1. **Connétable** : chef suprême de l'armée.
2. **Amiral** : chef des forces navales.
3. **Alcade du palais** : chef de la maison civile de l'empereur.
4. **Chambre dorée** : autre nom de la Diète, l'assemblée des grands électeurs (leurs manteaux étaient tissés avec des fils d'or).

LE DUC DE BAVIÈRE
              Charles ! roi des Romains,
1680 Majesté très sacrée, empereur ! dans vos mains
Le monde est maintenant, car vous avez l'empire.
Il est à vous, ce trône où tout monarque aspire !
Frédéric, duc de Saxe, y fut d'abord élu,
Mais, vous jugeant plus digne, il n'en a pas voulu[1].
1685 Venez donc recevoir la couronne et le globe[2].
Le Saint Empire, ô roi, vous revêt de la robe.
Il vous arme du glaive, et vous êtes très grand.

DON CARLOS
J'irai remercier le collège en rentrant.
Allez, messieurs. – Merci, mon frère de Bohême,
1690 Mon cousin de Bavière, allez ! – J'irai moi-même.

LE ROI DE BOHÊME
Charles ! du nom d'amis nos aïeux se nommaient.
Mon père aimait ton père, et leurs pères s'aimaient.
Charles, si jeune en butte aux fortunes contraires,
Dis, veux-tu que je sois ton frère entre tes frères ?
1695 Je t'ai vu tout enfant, et ne puis oublier...

DON CARLOS, *l'interrompant.*
Roi de Bohême ! eh bien ! vous êtes familier !
*Il lui présente sa main à baiser, ainsi qu'au duc de Bavière,
puis congédie les deux électeurs, qui le saluent profondé-
ment.*
Allez !
Sortent les deux électeurs avec leur cortège.

LA FOULE
Vivat !

DON CARLOS, *à part.*
J'y suis ! – et tout m'a fait passage !
Empereur ! – au refus de Frédéric le Sage !

_____

1. **Frédéric [...] n'en a pas voulu** : Frédéric le Sage se désista effectivement
en faveur de don Carlos.
2. **La couronne et le globe** : insignes du pouvoir impérial.

Entre doña Sol, conduite par don Ricardo.

DOÑA SOL

Des soldats ! l'empereur ! ô ciel ! coup imprévu !
1700 Hernani !

HERNANI

Doña Sol !

DON RUY GOMEZ, *à côté d'Hernani, à part.*
Elle ne m'a point vu !

Doña Sol court à Hernani. Il la fait reculer d'un regard de défiance.

HERNANI

Madame !...

DOÑA SOL, *tirant le poignard de son sein.*
J'ai toujours son poignard !

HERNANI, *lui tendant les bras.*
Mon amie !

DON CARLOS

Silence tous ! –
Aux conjurés.

Votre âme est-elle raffermie ?
Il convient que je donne au monde une leçon.
Lara le Castillan et Gotha le Saxon,
1705 Vous tous ! que venait-on faire ici ? parlez.

HERNANI, *faisant un pas.*
Sire,
La chose est toute simple, et l'on peut vous la dire.
Nous gravions la sentence au mur de Balthazar[1].
Il tire un poignard et l'agite.
Nous rendions à César ce qu'on doit à César[2].

---

1. **La sentence au mur de Balthazar** : allusion à un épisode biblique (livre de Daniel, V) ; lors d'un festin, où il utilisait des vases sacrés volés dans le temple de Jérusalem, Balthazar, un roi babylonien, vit apparaître sur un mur de la salle trois mots : « *Mané, Thécel, Pharès* » (« compté, pesé, divisé »). Ces mots lui annonçaient la chute imminente de son royaume.
2. **Nous rendions [...] César** : formule ironique empruntée à une parole du Christ à ses disciples (Matthieu, XXII, 15-22).

DON CARLOS

Paix !

À don Ruy Gomez.

– Vous traître, Silva ?

DON RUY GOMEZ

Lequel de nous deux, sire ?

HERNANI, *se retournant vers les conjurés.*

1710 Nos têtes et l'empire ! – il a ce qu'il désire.

À l'empereur.

Le bleu manteau des rois pouvait gêner vos pas.
La pourpre vous va mieux. Le sang n'y paraît pas.

DON CARLOS, *à don Ruy Gomez.*

Mon cousin de Silva, c'est une félonie[1]
À faire du blason[2] rayer ta baronnie !

1715 C'est haute trahison, don Ruy, songes-y bien !

DON RUY GOMEZ

Les rois Rodrigue font les comtes Julien[3] !

DON CARLOS, *au duc d'Alcala.*

Ne prenez que ce qui peut être duc ou comte. –
Le reste !... –

*Don Ruy Gomez, le duc de Lutzelbourg, le duc de Gotha,
don Juan de Haro, don Guzman de Lara, don Tellez Giron,
le baron de Hohenbourg se séparent du groupe des
conjurés, parmi lesquels est resté Hernani. Le duc d'Alcala
les entoure étroitement de gardes.*

DOÑA SOL

Il est sauvé !

HERNANI, *sortant du groupe des conjurés.*

Je prétends qu'on me compte !

À don Carlos.

---

1. **Félonie** : acte déloyal.
2. **Du blason** : de l'armorial (liste des grandes familles nobles).
3. **Les rois [...] Julien** : Rodrigue (Roderic), un roi wisigoth, perdit son
royaume après avoir outragé la fille d'un vassal, le comte Julien ; en effet, ce
dernier se vengea de l'affront en s'alliant avec des Arabes.

Puisqu'il s'agit de hache ici, que Hernani,
1720 Pâtre obscur, sous tes pieds passerait impuni,
Puisque son front n'est plus au niveau de ton glaive,
Puisqu'il faut être grand pour mourir, je me lève.
Dieu qui donne le sceptre et qui te le donna
M'a fait duc de Segorbe et duc de Cardona,
1725 Marquis de Monroy, comte Albatera, vicomte
De Gor[1], seigneur de lieux dont j'ignore le compte.
Je suis Jean d'Aragon[2], grand maître d'Avis[3], né
Dans l'exil, fils proscrit d'un père assassiné
Par sentence du tien, roi Carlos de Castille !
1730 Le meurtre est entre nous affaire de famille.
Vous avez l'échafaud, nous avons le poignard.
Donc le ciel m'a fait duc et l'exil montagnard.
Mais puisque j'ai sans fruit aiguisé mon épée
Sur les monts, et dans l'eau des torrents retrempée,
Il met son chapeau.
Aux autres conjurés.
1735 Couvrons-nous, grands d'Espagne ! –
Tous les Espagnols se couvrent.
À don Carlos.

                              Oui, nos têtes, ô roi,
Ont le droit de tomber couvertes devant toi !
Aux prisonniers.
  – Silva ! Haro ! Lara ! gens de titre et de race,
Place à Jean d'Aragon ! ducs et comtes ! ma place !
Aux courtisans et aux gardes.
Je suis Jean d'Aragon, roi, bourreaux et valets !
1740 Et si vos échafauds sont petits, changez-les !
Il vient se joindre au groupe des seigneurs prisonniers.

---

1. **Segorbe, Cardona, Monroy, Albatera, Gor** : villes espagnoles.
2. **Jean d'Aragon** : ce personnage est une création de Victor Hugo.
3. **Grand maître d'Avis** : dignitaire de l'ordre de Saint-Benoît d'Avis ; cette ville se trouve au centre du Portugal.

DOÑA SOL

Ciel !

DON CARLOS
En effet, j'avais oublié cette histoire.

HERNANI
Celui dont le flanc saigne a meilleure mémoire.
L'affront, que l'offenseur oublie en insensé,
Vit et toujours remue au cœur de l'offensé !

DON CARLOS
1745 Donc je suis, c'est un titre à n'en point vouloir d'autres,
Fils de pères qui font choir la tête des vôtres !

DOÑA SOL, *se jetant à genoux devant l'empereur.*
Sire ! pardon ! pitié ! Sire, soyez clément !
Ou frappez-nous tous deux, car il est mon amant[1],
Mon époux ! en lui seul je respire. – Oh ! je tremble.
1750 Sire ! ayez la pitié de nous tuer ensemble !
Majesté ! je me traîne à vos sacrés genoux !
Je l'aime ! il est à moi, comme l'empire à vous !
Oh ! grâce !...
Don Carlos la regarde, immobile.

                    – Quel penser sinistre vous absorbe ?... –

DON CARLOS
Allons ! relevez-vous, duchesse de Segorbe,
1755 Comtesse Albatera, marquise de Monroy...
À Hernani.
– Tes autres noms, don Juan[2] ? –

HERNANI
                              Qui parle ainsi ? le roi ?

DON CARLOS
Non, l'empereur.

DOÑA SOL, *se relevant.*
Grand Dieu !

---

1. **Amant** : ici, qui aime et aimé de retour (sens du XVIIe siècle).
2. **Don Juan** : Jean (d'Aragon), c'est-à-dire Hernani.

DON CARLOS, *la montrant à Hernani.*
Duc, voilà ton épouse !

HERNANI, *les yeux au ciel, et doña Sol dans ses bras.*
Juste Dieu !

DON CARLOS, *à don Ruy Gomez.*
Mon cousin, ta noblesse est jalouse,
Je sais. – Mais Aragon peut épouser Silva.

DON RUY GOMEZ, *sombre.*
1760 Ce n'est pas ma noblesse !

HERNANI, *regardant doña Sol avec amour*
et la tenant embrassée.
Oh ! ma haine s'en va !

Il jette son poignard.

DON RUY GOMEZ, *à part, les regardant tous deux.*
Éclaterai-je ? oh non ! Fol amour ! douleur folle !
Tu leur ferais pitié, vieille tête espagnole !
Vieillard, brûle sans flamme, aime et souffre en secret,
Laisse ronger ton cœur ! Pas un cri. – L'on rirait !

DOÑA SOL, *dans les bras d'Hernani.*
1765 Ô mon duc !

HERNANI
Je n'ai plus que de l'amour dans l'âme.

DOÑA SOL
Ô bonheur !

DON CARLOS, *à part, la main dans sa poitrine.*
Éteins-toi, cœur jeune et plein de flamme !
Laisse régner l'esprit, que longtemps tu troublas :
Tes amours désormais, tes maîtresses, hélas !
C'est l'Allemagne, c'est la Flandre, c'est l'Espagne.
L'œil fixé sur sa bannière.
1770 L'empereur est pareil à l'aigle[1], sa compagne.
À la place du cœur, il n'a qu'un écusson.

---

1. **L'aigle** : symbole de l'Empire (terme de genre féminin).

HERNANI

Ah ! vous êtes César !

DON CARLOS, *à Hernani.*
De ta noble maison,

Don Juan, ton cœur est digne.
Montrant doña Sol.

Il est digne aussi d'elle.

– À genoux, duc !
Hernani s'agenouille. Don Carlos détache sa Toison d'or et la lui passe au cou.

– Reçois ce collier.
Don Carlos tire son épée et l'en frappe trois fois sur l'épaule.

Sois fidèle !

1775 Par saint Étienne[1], duc, je te fais chevalier.
Il le relève et l'embrasse.

Mais tu l'as, le plus doux et le plus beau collier,
Celui que je n'ai pas, qui manque au rang suprême,
Les deux bras d'une femme aimée et qui vous aime !
Ah ! tu vas être heureux ; – moi, je suis empereur.
Aux conjurés.

1780 Je ne sais plus vos noms, messieurs. – Haine et fureur,
Je veux tout oublier. Allez, je vous pardonne !
C'est la leçon qu'au monde il convient que je donne.
Ce n'est pas vainement qu'à Charles Premier, roi,
L'empereur Charles Quint succède, et qu'une loi
1785 Change, aux yeux de l'Europe, orpheline éplorée,
L'Altesse catholique[2] en majesté sacrée[3].
Les conjurés tombent à genoux.

---

1. **Saint Étienne** : ce premier roi de Hongrie (v. 969-1038) diffusa le christianisme en Hongrie (qui appartenait à l'empire des Habsbourg) et fut un ardent défenseur de la papauté.
2. **Altesse catholique** : titre officiel du roi d'Espagne.
3. **Majesté sacrée** : titre officiel de l'empereur.

LES CONJURÉS

Gloire à Carlos !

DON RUY GOMEZ, *à don Carlos.*
Moi seul, je reste condamné.

DON CARLOS

Et moi !

HERNANI
Je ne hais plus. Carlos a pardonné.
Qui donc nous change tous ainsi ?

TOUS, *soldats, conjurés, seigneurs.*
Vive Allemagne !

1790 Honneur à Charles Quint !

DON CARLOS, *se tournant vers le tombeau.*
Honneur à Charlemagne !

Laissez-nous seuls tous deux.
Tous sortent.

SCÈNE 5. DON CARLOS, *seul.*

Il s'incline devant le tombeau.
Es-tu content de moi ?
Ai-je bien dépouillé les misères[1] du roi ?
Charlemagne ! empereur, suis-je bien un autre homme ?
Puis-je accoupler[2] mon casque à la mitre de Rome ?
1795 Aux fortunes du monde ai-je droit de toucher ?
Ai-je un pied sûr et ferme, et qui puisse marcher
Dans ce sentier, semé des ruines vandales[3],
Que tu nous as battu de tes larges sandales ?

---

1. **Les misères** : les faiblesses méprisables.
2. **Accoupler [...] Rome** : puis-je être à égalité avec le pape (ce dernier est désigné par la *mitre*, coiffure triangulaire qu'il porte pendant les cérémonies).
3. **Ruines vandales** : allusion aux ravages commis, à partir du Ve siècle, par un groupe de Germains orientaux, les Vandales.

Ai-je bien à ta flamme allumé mon flambeau ?
1800 Ai-je compris la voix qui parle en ton tombeau ?
– Ah ! j'étais seul, perdu, seul devant un empire,
Tout un monde qui hurle, et menace, et conspire ;
Le Danois[1] à punir, le Saint-Père à payer[2],
Venise[3], Soliman[4], Luther, François Premier,
1805 Mille poignards jaloux luisant déjà dans l'ombre,
Des pièges, des écueils, des ennemis sans nombre,
Vingt peuples dont un seul ferait peur à vingt rois,
Tout pressé, tout pressant, tout à faire à la fois !
Je t'ai crié : – Par où faut-il que je commence ?
1810 Et tu m'as répondu : – Mon fils, par la clémence !

---

1. **Le Danois** : Christian II (1481-1559), roi de Danemark et de Norvège.
Il envahit la Suède en 1520 et fit massacrer les chefs de la résistance nationale
(« bain de sang de Stockholm », le 8 novembre 1520).
2. **Le Saint-Père à payer** : il s'agit des prétentions du pape sur la Sicile.
3. **Venise** : république indépendante, Venise domina la Méditerranée
orientale et joua un rôle primordial dans la politique italienne. Cependant,
le début du XVIe marqua le début de son déclin.
4. **Soliman** : Soliman II (v. 1495-1566), surnommé le Kanouni, le
« Législateur » par les Turcs, et le « Magnifique » par les Occidentaux. En
1521, il envahit la Hongrie (partie intégrante de l'empire de Charles Quint).

REPÈRES

• Les trois scènes qui clôturent cet acte sont dominées par le geste de clémence de don Carlos, devenu Charles Quint. Sur un plan dramaturgique, que représente cette fin d'acte ?

OBSERVATION

• Montrez comment les didascalies interviennent dans le rythme de la scène 3.
• Comment Victor Hugo relance-t-il dans cette scène la progression de l'intrigue initiale ? Retrouvez, dans la scène 1 de ce même acte, les deux alexandrins qui préparaient cette reprise.
• Qu'apporte l'apparition de don Carlos à la fin de la scène 3 ?
• Étudiez l'échange entre don Ruy Gomez et Hernani (v. 1629-1646). Sur le plan dramatique, qu'annonce cet instant ?
• Mettez en évidence les grandes phases de la scène 4.
• Quel champ lexical domine la tirade d'Hernani (v. 1718-1740) ? Que confirme-t-il sur la psychologie du personnage ?
• Relevez les nombreux coups de théâtre qui ponctuent cette scène ; analysez leurs effets.
• Commentez la manière dont débute le pardon (v. 1747-1757).
• Pourquoi cette scène constitue-t-elle un premier dénouement ?
• Dans la pièce de Corneille, *Cinna* (1640), Octave, devenu l'empereur Auguste, accorde également son pardon (acte V, scène 3) ; comparez les deux scènes.
• La scène 5 constitue le second monologue de don Carlos ; que marque-t-il dans la construction du personnage et de la pièce ? C'est aussi la seconde fois que don Carlos s'adresse à Charlemagne ; nommez le procédé utilisé au vers 1810.

INTERPRÉTATIONS

• Étudiez le rôle joué par l'ombre et la lumière dans cet acte.
• Étudiez la tirade d'Hernani (v. 1718-1740).

Le dénouement politique

Omniprésent dans cet acte, le personnage de don Carlos subit une transformation profonde animée par un double mouvement :

– Le premier, extérieur, s'inscrit dans un contexte politique et représente l'accession mouvementée, dans une atmosphère de complot (scènes 1 et 3), de don Carlos au titre d'empereur, sous le nom de Charles Quint ;

– Le second, intérieur, révèle le cheminement psychologique d'un être de pouvoir qui repousse à la suite d'une longue introspection (le monologue de la scène 2) la primauté des sentiments personnels (« *Éteins-toi, cœur jeune et plein de flamme !* » v. 1767), au nom de la raison d'État (« *L'empereur est pareil à l'aigle, sa compagne / À la place du cœur, il n'a qu'un écusson.* » v. 1770-1771).

Devenu empereur, don Carlos, par son pardon général, désamorce le conflit politique et la rivalité amoureuse qui l'opposait à Hernani en offrant à ce dernier la main de doña Sol (scène 4). Ainsi, Victor Hugo dénoue l'intrigue politique, tout en maintenant la tension dramatique par l'incertitude qu'il laisse peser sur le sort d'Hernani.

L'esthétique romantique

Si l'acte IV accorde une large place à l'Histoire, ce n'est pas pour en faire une fidèle reconstitution, mais pour l'intégrer à une esthétique : ainsi la mise en place de décors grandioses (lire la didascalie initiale de l'acte IV), la présence de nombreux personnages contrastent avec le dépouillement des pièces classiques et constituent une caractéristique majeure du drame romantique. Par ailleurs, pour rendre plus vivants les événements réels, Hugo prend, à plusieurs reprises, des libertés avec la vérité historique : par exemple, le déplacement de l'élection impériale de Francfort à Aix-la-Chapelle permet l'évocation de Charlemagne et de son tombeau et contribue à l'intensité dramatique de l'action ; celle-ci est amplifiée par des jeux de contraste (ombre et lumière, emploi fréquent de l'antithèse, association de l'amour et de la mort dans le discours) et par le lyrisme des personnages dont la tirade est une des expressions.

Toutefois l'ambition poétique affichée dans cet acte n'occulte pas les préoccupations politiques de Victor Hugo : ainsi, l'attitude et les réflexions de don Carlos (scènes 4, 5, 6) expriment à plusieurs reprises le point de vue de l'écrivain sur la situation de 1830.

ACTE V

La noce

Une terrasse du palais d'Aragon. Au fond, la rampe d'un escalier qui s'enfonce dans le jardin. À droite et à gauche, deux portes donnant sur cette terrasse, que ferme au fond du théâtre une balustrade surmontée de deux rangs d'arcades moresques[1], au-dessus et au travers desquelles on voit les jardins du palais, les jets d'eau dans l'ombre, les bosquets avec des lumières qui s'y promènent, et au fond les faîtes gothiques et arabes[2] du palais illuminé. – Il est nuit. On entend des fanfares éloignées. – Des masques, des dominos[3], épars, isolés ou groupés, traversent çà et là la terrasse. Sur le devant du théâtre, un groupe de jeunes seigneurs, les masques à la main, riant et causant à grand bruit.

---

1. **Arcades moresques :** la présence des Maures (Mores) en Espagne a laissé de nombreuses traces dans l'architecture des palais ; ici, il s'agit d'ouvertures en arc semblables à celles des monuments arabes.
2. **Les faîtes gothiques et arabes :** les parties les plus élevées du palais où se mêlent les influences architecturales occidentales et arabes.
3. **Dominos :** robes flottantes à capuchon portées lors des bals masqués.

SCÈNE PREMIÈRE. DON SANCHO SANCHEZ DE ZUNIGA, *comte de Monterey*, DON MATIAS CENTURION, *marquis d'Almuñan*, DON RICARDO DE ROXAS, *comte de Casapalma*, DON FRANCISCO DE SOTOMAYOR, *comte de Velalcazar*, DON GARCI SUAREZ DE CARBAJAL, *comte de Peñalver*.

DON GARCI
Ma foi, vive la joie et vive l'épousée !

DON MATIAS, *regardant au balcon.*
Saragosse ce soir se met à la croisée[1].

DON GARCI
Et fait bien ! on ne vit jamais noce aux flambeaux
Plus gaie, et nuit plus douce, et mariés plus beaux !

DON MATIAS
1815 Bon empereur !

DON SANCHO
                    Marquis, certain soir qu'à la brune
Nous allions avec lui tous deux cherchant fortune[2],
Qui nous eût dit qu'un jour tout finirait ainsi ?

DON RICARDO, *l'interrompant.*
J'en étais.
Aux autres.
                Écoutez l'histoire que voici :
Trois galants, un bandit que l'échafaud réclame,
1820 Puis un duc, puis un roi, d'un même cœur de femme
Font le siège à la fois. – L'assaut donné, qui l'a ?
C'est le bandit.

DON FRANCISCO
                    Mais rien que de simple en cela.
L'amour et la fortune, ailleurs comme en Espagne,

---

1. **Croisée** : fenêtre.
2. **Certain soir [...] fortune** : voir la scène 1 de l'acte I.

Sont jeux de dés pipés. C'est le voleur qui gagne !

DON RICARDO

1825 Moi, j'ai fait ma fortune à voir faire l'amour.
D'abord comte, puis grand, puis alcade de cour,
J'ai fort bien employé mon temps, sans qu'on s'en doute.

DON SANCHO

Le secret de Monsieur, c'est d'être sur la route
Du roi...

DON RICARDO

Faisant valoir mes droits, mes actions...

DON GARCI

1830 Vous avez profité de ses distractions.

DON MATIAS

Que devient le vieux duc[1] ? fait-il clouer sa bière ?

DON SANCHO

Marquis, ne riez pas. Car c'est une âme fière.
Il aimait doña Sol, ce vieillard. Soixante ans
Ont fait ses cheveux gris, un jour les a faits blancs !

DON GARCI

1835 Il n'a pas reparu, dit-on, à Saragosse ?

DON SANCHO

Vouliez-vous pas qu'il mît son cercueil de la noce ?

DON FRANCISCO

Et que fait l'empereur ?

DON SANCHO

L'empereur aujourd'hui
Est triste. Le Luther lui donne de l'ennui.

DON RICARDO

Ce Luther, beau sujet de soucis et d'alarmes !
1840 Que j'en finirais vite avec quatre gendarmes !

DON MATIAS

Le Soliman aussi lui fait ombre.

---

1. **Le vieux duc** : don Ruy Gomez.

DON GARCI
Ah ! Luther !
Soliman, Neptunus[1], le diable et Jupiter,
Que me font ces gens-là ? les femmes sont jolies,
La mascarade[2] est rare, et j'ai dit cent folies !

DON SANCHO
1845 Voilà l'essentiel.

DON RICARDO
Garci n'a point tort. Moi,
Je ne suis plus le même un jour de fête, et croi
Qu'un masque que je mets me fait une autre tête,
En vérité !

DON SANCHO, *bas à don Matias.*
Que n'est-ce alors tous les jours fête !

DON FRANCISCO, *montrant la porte à droite.*
Messeigneurs, n'est-ce pas la chambre des époux ?

DON GARCI, *avec un signe de tête.*
1850 Nous les verrons venir dans l'instant.

DON FRANCISCO
Croyez-vous ?

DON GARCI
Hé ! sans doute !

DON FRANCISCO
Tant mieux. L'épousée est si belle !

DON RICARDO
Que l'empereur est bon ! – Hernani, ce rebelle,
Avoir la Toison d'or[3] ! – marié ! – pardonné !
Loin de là[4], s'il m'eût cru, l'empereur eût donné
1855 Lit de pierre au galant, lit de plume à la dame.

---

1. **Neptunus** : ici, la mer. Neptune est le dieu de la mer dans la mythologie latine.
2. **Mascarade** : bal masqué.
3. **Toison d'or** : voir la note 3 p. 72.
4. **Loin de là** : au lieu de cela.

DON SANCHO, *bas à don Matias.*
Que je le crèverais volontiers de ma lame !
Faux seigneur de clinquant recousu de gros fil !
Pourpoint de comte, empli de conseils d'alguazil[1] !

DON RICARDO, *s'approchant.*
Que dites-vous là ?

DON MATIAS, *bas à don Sancho.*
Comte, ici pas de querelle !
À don Ricardo.
1860 Il me chante un sonnet de Pétrarque[2] à sa belle.

DON GARCI
Avez-vous remarqué, Messieurs, parmi les fleurs,
Les femmes, les habits de toutes les couleurs,
Ce spectre, qui, debout contre une balustrade,
De son domino noir tachait la mascarade ?

DON RICARDO
1865 Oui, pardieu !

DON GARCI
Qu'est-ce donc ?

DON RICARDO
Mais sa taille, son air...
C'est don Prancasio, général de la mer[3].

DON FRANCISCO
Non.

DON GARCI
Il n'a pas quitté son masque.

DON FRANCISCO
Il n'avait garde.
C'est le duc de Soma qui veut qu'on le regarde.
Rien de plus.

---

1. **Alguazil** : agent de police.
2. **Pétrarque** : poète italien (1304-1374) ; dans ses poèmes, il chanta son amour pour Laure de Noves.
3. **Général de la mer** : chef des forces navales.

DON RICARDO
Non. Le duc m'a parlé.

DON GARCI
Qu'est-ce alors

1870 Que ce masque ? – Tenez, le voilà.

Entre un domino noir qui traverse lentement le fond du
théâtre. Tous se retournent et le suivent des yeux sans qu'il
paraisse y prendre garde.

DON SANCHO
Si les morts

Marchent, voici leur pas.

DON GARCI, *courant au domino noir.*
Beau masque !

Le domino noir se retourne et s'arrête. Garci recule.
Sur mon âme,

Messeigneurs, dans ses yeux j'ai vu luire une flamme.

DON SANCHO
Si c'est le diable, il trouve à qui parler.

Il va au domino noir, toujours immobile.
Mauvais !

Nous viens-tu de l'enfer ?

LE MASQUE
Je n'en viens pas, j'y vais.

Il reprend sa marche, et disparaît par la rampe de l'escalier.
Tous le suivent des yeux avec une sorte d'effroi.

DON MATIAS
1875 La voix est sépulcrale, autant qu'on le peut dire.

DON GARCI
Baste ! ce qui fait peur ailleurs, au bal fait rire !

DON SANCHO
Quelque mauvais plaisant !

DON GARCI
Ou si c'est Lucifer[1]

Qui vient nous voir danser en attendant l'enfer,

---

1. **Lucifer** : démon, diable.

Dansons !

DON SANCHO
C'est, à coup sûr, quelque bouffonnerie.

DON MATIAS
1880 Nous le saurons demain.

DON SANCHO, *à don Matias.*
Regardez, je vous prie.

Que devient-il ?

DON MATIAS, *à la balustrade de la terrasse.*
Il a descendu l'escalier.

– Plus rien.

DON SANCHO
C'est un plaisant drôle !

Rêvant.

C'est singulier.

DON GARCI, *à une dame qui passe.*
Marquise, dansons-nous celle-ci ?
Il la salue et lui présente la main.

LA DAME
Mon cher comte,
Vous savez, avec vous, que mon mari les compte.

DON GARCI
1885 Raison de plus. Cela l'amuse apparemment.
C'est son plaisir. Il compte et nous dansons.
La dame lui donne la main et ils sortent.

DON SANCHO, *pensif.*
Vraiment,
C'est singulier.

DON MATIAS
Voici les mariés. Silence.
*Entrent Hernani et doña Sol se donnant la main. Doña Sol
en magnifique habit de mariée. Hernani tout en velours
noir, avec la Toison d'or au cou. Derrière eux, foule de
masques, de dames et de seigneurs qui leur font cortège.*

Deux hallebardiers[1] *en riche livrée les suivent, et quatre pages les précèdent. Tout le monde se range et s'incline sur leur passage. Fanfares.*

SCÈNE 2. LES MÊMES, HERNANI, DOÑA SOL, SUITE.

HERNANI, *saluant.*
Chers amis !...

DON RICARDO, *allant à lui et s'inclinant.*
Ton bonheur fait le nôtre, excellence !

DON FRANCISCO, *contemplant doña Sol.*
Saint Jacques monseigneur[2] ! C'est Vénus[3] qu'il conduit !

DON MATIAS
1890 D'honneur, on est heureux un pareil jour la nuit !

DON FRANCISCO, *montrant à don Matias*
la chambre nuptiale.
Qu'il va se passer là de gracieuses[4] choses !
Être fée, et tout voir, feux éteints, portes closes,
Serait-ce pas charmant ?

DON SANCHO, *à don Matias.*
Il est tard. Partons-nous ?
Tous vont saluer les mariés et sortent, les uns par la porte, les autres par l'escalier du fond.

HERNANI, *les reconduisant.*
Dieu vous garde !

---

1. **Hallebardiers** : fantassins équipés d'une longue lance munie d'un fer tranchant et pointu et de deux fers latéraux, l'un en forme de croissant et l'autre en pointe.
2. **Saint Jacques monseigneur** : voir la note 1 p. 68.
3. **Vénus** : déesse latine de l'amour et de la beauté.
4. **Gracieuses** : diérèse (gra-ci-euses).

DON SANCHO, *resté le dernier, lui serre la main.*
Soyez heureux.

Il sort.

Hernani et doña Sol restent seuls. – Bruit de pas et de voix qui s'éloignent, puis cessent tout à fait. Pendant tout le commencement de la scène qui suit, les fanfares et les lumières éloignées s'éteignent par degrés. La nuit et le silence reviennent peu à peu.

SCÈNE 3. HERNANI, DOÑA SOL.

DOÑA SOL
Ils s'en vont tous

1895 Enfin !

HERNANI, *cherchant à l'attirer dans ses bras.*
Cher amour !

DOÑA SOL, *rougissant et reculant.*
C'est... qu'il est tard, ce me semble...

HERNANI
Ange ! Il est toujours tard pour être seuls ensemble !

DOÑA SOL
Ce bruit me fatiguait ! – N'est-ce pas, cher seigneur,
Que toute cette joie étourdit le bonheur ?

HERNANI
Tu dis vrai. Le bonheur, amie, est chose grave.
1900 Il veut des cœurs de bronze et lentement s'y grave.
Le plaisir l'effarouche en lui jetant des fleurs.
Son sourire est moins près du rire que des pleurs !

DOÑA SOL
Dans vos yeux ce sourire est le jour.
Hernani cherche à l'entraîner vers la porte. Elle rougit.
– Tout à l'heure.

HERNANI

Oh ! je suis ton esclave ! – Oui, demeure, demeure !
1905 Fais ce que tu voudras. Je ne demande rien.
Tu sais ce que tu fais ! ce que tu fais est bien !
Je rirai si tu veux, je chanterai. Mon âme
Brûle... Eh ! dis au volcan qu'il étouffe sa flamme,
Le volcan fermera ses gouffres entrouverts,
1910 Et n'aura sur ses flancs que fleurs et gazons verts !
Car le géant est pris, le Vésuve[1] est esclave,
Et que t'importe, à toi, son cœur rongé de lave ?
Tu veux des fleurs ! c'est bien. Il faut que de son mieux
Le volcan tout brûlé s'épanouisse aux yeux !

DOÑA SOL

1915 Oh ! que vous êtes bon pour une pauvre femme,
Hernani de mon cœur !

HERNANI

Quel est ce nom, Madame ?
Oh ! ne me nomme plus de ce nom, par pitié !
Tu me fais souvenir que j'ai tout oublié !
Je sais qu'il existait autrefois, dans un rêve,
1920 Un Hernani, dont l'œil avait l'éclair du glaive,
Un homme de la nuit et des monts, un proscrit
Sur qui le mot *vengeance* était partout écrit !
Un malheureux traînant après lui l'anathème[2] !
Mais je ne connais pas ce Hernani. – Moi, j'aime
1925 Les prés, les fleurs, les bois, le chant du rossignol.
Je suis Jean d'Aragon, mari de doña Sol !
Je suis heureux !

DOÑA SOL

Je suis heureuse !

---

1. **Vésuve :** volcan italien, célèbre pour ses éruptions.
2. **Anathème :** condamnation brutale.

HERNANI
                              Que m'importe
Les haillons[1] qu'en entrant j'ai laissés à la porte !
Voici que je reviens à mon palais en deuil.
1930 Un ange du Seigneur m'attendait sur le seuil.
J'entre, et remets debout les colonnes brisées,
Je rallume le feu, je rouvre les croisées,
Je fais arracher l'herbe au pavé de la cour,
Je ne suis plus que joie, enchantement, amour.
1935 Qu'on me rende mes tours, mes donjons, mes bastilles[2],
Mon panache[3], mon siège au conseil des Castilles[4],
Vienne ma doña Sol, rouge et le front baissé,
Qu'on nous laisse tous deux, et le reste est passé !
Je n'ai rien vu, rien dit, rien fait, je recommence,
1940 J'efface tout, j'oublie ! Ou sagesse ou démence,
Je vous ai, je vous aime, et vous êtes mon bien !

DOÑA SOL
Que sur ce velours noir ce collier d'or fait bien !

HERNANI
Vous vîtes avant moi le roi mis de la sorte.

DOÑA SOL
Je n'ai pas remarqué. – Tout autre, que m'importe !
1945 Puis, est-ce le velours ou le satin encor ?
Non, mon duc. C'est ton cou qui sied au collier d'or !
Vous êtes noble et fier, monseigneur.
Il veut l'entraîner.
                              – Tout à l'heure ! –
Un moment ! – Vois-tu bien ? c'est la joie, et je pleure.
Viens voir la belle nuit !
Elle va à la balustrade.
                              – Mon duc, rien qu'un moment !

---

1. **Haillons** : allusion au costume que portait Hernani lorsqu'il était proscrit.
2. **Bastilles** : châteaux forts.
3. **Panache** : ici, ornement du casque.
4. **Conseil des Castilles** : conseil du roi.

1950 Le temps de respirer et de voir seulement !
Tout s'est éteint, flambeaux et musique de fête.
Rien que la nuit et nous ! Félicité[1] parfaite !
Dis, ne le crois-tu pas ? Sur nous, tout en dormant,
La nature à demi veille amoureusement.
1955 La lune est seule aux cieux, qui comme nous repose,
Et respire avec nous l'air embaumé de rose !
Regarde : plus de feux, plus de bruit. Tout se tait.
La lune tout à l'heure à l'horizon montait,
Tandis que tu parlais, sa lumière qui tremble
1960 Et ta voix, toutes deux m'allaient au cœur ensemble ;
Je me sentais joyeuse et calme, ô mon amant !
Et j'aurais bien voulu mourir en ce moment.

HERNANI

Ah ! qui n'oublierait tout à cette voix céleste ?
Ta parole est un chant où rien d'humain ne reste.
1965 Et comme un voyageur sur un fleuve emporté,
Qui glisse sur les eaux par un beau soir d'été,
Et voit fuir sous ses yeux mille plaines fleuries,
Ma pensée entraînée erre en tes rêveries !

DOÑA SOL

Ce silence est trop noir. Ce calme est trop profond.
1970 Dis, ne voudrais-tu point voir une étoile au fond ?
Ou qu'une voix des nuits, tendre et délicieuse,
S'élevant tout à coup, chantât ?...

HERNANI, *souriant.*
                                   Capricieuse !
Tout à l'heure on fuyait la lumière et les chants !

DOÑA SOL

Le bal ! – Mais un oiseau qui chanterait aux champs !
1975 Un rossignol, perdu dans l'ombre et dans la mousse,
Ou quelque flûte au loin !... – Car la musique est douce,
Fait l'âme harmonieuse, et, comme un divin chœur,

---

1. **Félicité** : bonheur.

Éveille mille voix qui chantent dans le cœur !
– Ah ! ce serait charmant !
On entend le bruit lointain d'un cor dans l'ombre.

– Dieu ! je suis exaucée !

HERNANI, tressaillant, à part.

1980 Ah ! malheureuse !

DOÑA SOL

Un ange a compris ma pensée, –

Ton bon ange sans doute ?

HERNANI, amèrement.

Oui, mon bon ange !

À part.

Encor !...

DOÑA SOL, souriant.

Don Juan, je reconnais le son de votre cor !

HERNANI

N'est-ce pas ?

DOÑA SOL

Seriez-vous dans cette sérénade

De moitié[1] ?

HERNANI

De moitié, tu l'as dit.

DOÑA SOL

Bal maussade !

1985 Oh ! que j'aime bien mieux le cor au fond des bois !...
Et puis, c'est votre cor, c'est comme votre voix.
Le cor recommence.

HERNANI, à part.

Ah ! le tigre est en bas qui hurle et veut sa proie !

DOÑA SOL

Don Juan, cette harmonie emplit le cœur de joie !...

---

1. **De moitié** : complice, de connivence.

HERNANI, *se levant, terrible.*
Nommez-moi Hernani ! nommez-moi Hernani !
1990 Avec ce nom fatal je n'en ai pas fini !

DOÑA SOL, *tremblante.*
Qu'avez-vous ?

HERNANI
Le vieillard !

DOÑA SOL
Dieu ! quels regards funèbres !
Qu'avez-vous ?

HERNANI
Le vieillard qui rit dans les ténèbres !
– Ne le voyez-vous pas ?

DOÑA SOL
Où vous égarez-vous ?
Qu'est-ce que ce vieillard ?

HERNANI
Le vieillard !

DOÑA SOL
À genoux
1995 Je t'en supplie, oh ! dis ! quel secret te déchire ?
Qu'as-tu ?

HERNANI
Je l'ai juré !

DOÑA SOL
Juré !

Elle suit tous ses mouvements avec anxiété. Il s'arrête tout à coup et passe la main sur son front.

HERNANI, *à part.*
Qu'allais-je dire ?
Épargnons-la.
Haut.
Moi, rien. De quoi t'ai-je parlé ?

DOÑA SOL
Vous avez dit...

HERNANI
Non, non... j'avais l'esprit troublé...
Je souffre un peu, vois-tu. N'en prends pas d'épouvante.

DOÑA SOL
2000 Te faut-il quelque chose ? ordonne à ta servante !
Le cor recommence.

HERNANI, *à part.*
Il le veut ! il le veut ! il a mon serment !
Cherchant son poignard.

– Rien.

Ce devrait être fait[1] ! – Ah !...

DOÑA SOL
Tu souffres donc bien ?

HERNANI
Une blessure ancienne, et qui semblait fermée,
Se rouvre...
À part.
Éloignons-la.
Haut.
Doña Sol, bien-aimée,
2005 Écoute, ce coffret qu'en des jours moins heureux
Je portais avec moi...

DOÑA SOL
Je sais ce que tu veux.
Eh bien, qu'en veux-tu faire ?

HERNANI
Un flacon qu'il renferme
Contient un élixir qui pourra mettre un terme
Au mal que je ressens... Va !

DOÑA SOL
J'y vais, monseigneur.
Elle sort par la porte de la chambre nuptiale.

---

1. **Ce devrait être fait** : rappel de l'engagement pris par Hernani de se tuer au son du cor (voir l'acte III, scène 7).

REPÈRES

• Après le dénouement heureux de l'intrigue politique, Hugo propose ici, dans la scène 3, un ultime duo d'amour entre Hernani et doña Sol ; quel est le point commun de cet épisode avec les précédents duos (acte I, scène 2 ; acte II, scène 4 ; acte III, scène 4).

OBSERVATION

• Montrez comment la scène 1 permet à Victor Hugo de rappeler les principales étapes de l'intrigue amoureuse, tout en faisant progresser celle-ci.
• Mettez en évidence les deux parties de la scène.
• Quelle vision des courtisans est ici proposée ? Commentez les propos de don Francisco dans la première partie de la scène.
• Que provoque l'apparition du domino noir ? Quel champ lexical devient dominant à ce moment-là ?
• Quelle fonction dramaturgique assure principalement la scène 2 ?
• Quelle allusion liée au nom de doña Sol contient le vers 1890 ? Nommez la figure de style qui est employée ici.
• La scène 3 débute par un duo d'amour et s'achève dans une atmosphère d'angoisse ; par l'observation du lexique et de la prosodie, étudiez comment Hugo procède à ce revirement.
• Analysez l'expression du sentiment amoureux dans le discours d'Hernani (v. 1904-1914).
• Analysez le système verbal de la tirade d'Hernani (v. 1927-1941) ; que nous apprend-il sur le personnage ?
• Quel aspect de la psychologie d'Hernani confirme le vers 1943 ?
• Commentez le développement de la méprise de doña Sol, lorsque celle-ci entend le son du cor. Quel effet dramatique recherche Victor Hugo ?

INTERPRÉTATIONS

• À travers le discours de doña Sol et d'Hernani, étudiez les caractéristiques de l'amour romantique.

SCÈNE 4. HERNANI, *seul.*

2010 Voilà donc ce qu'il vient faire de mon bonheur !
Voici le doigt fatal qui luit sur la muraille[1] !
Oh ! que la destinée amèrement me raille !
Il tombe dans une profonde et convulsive rêverie, puis se
détourne brusquement.
Eh bien ?... – Mais tout se tait. Je n'entends rien venir.
Si je m'étais trompé !...
Le masque en domino noir paraît au haut de la rampe. Her-
nani s'arrête pétrifié.

SCÈNE 5. HERNANI, LE MASQUE.

LE MASQUE
« Quoi qu'il puisse advenir,
2015 Quand tu voudras, vieillard, quel que soit le lieu, l'heure,
S'il te passe à l'esprit qu'il est temps que je meure,
Viens, sonne de ce cor, et ne prends d'autres soins ;
Tout sera fait[2]. » – Ce pacte eut les morts pour témoins[3].
Eh bien, tout est-il fait ?

HERNANI, *à voix basse.*
C'est lui !

LE MASQUE
Dans ta demeure
2020 Je viens, et je te dis qu'il est temps. C'est mon heure.
Je te trouve en retard.

---

1. **Le doigt [...] la muraille** : allusion biblique (voir la note 1 p. 186).
2. **Tout sera fait** : rappel du serment d'Hernani (voir l'acte III, scène 7, v. 1292 à 1296).
3. **Les morts pour témoins** : la galerie de portraits des ancêtres de don Ruy Gomez (voir l'acte III, scènes 6 et 7).

HERNANI
            Bien. Quel est ton plaisir ?
Que feras-tu de moi ? Parle.

LE MASQUE
                        Tu peux choisir
Du fer ou du poison. Ce qu'il faut, je l'apporte.
Nous partirons tous deux.

HERNANI
            Soit.

LE MASQUE
                        Prions-nous ?

HERNANI
                                    Qu'importe !

LE MASQUE
2025 Que prends-tu ?

HERNANI
            Le poison.

LE MASQUE
                        Bien ! Donne-moi ta main.
Il présente une fiole à Hernani, qui la reçoit en pâlissant.
Bois, pour que je finisse.
Hernani approche la fiole de ses lèvres, puis recule.

HERNANI
            Oh ! par pitié ! demain ! –
Oh ! s'il te reste un cœur, duc, ou du moins une âme ;
Si tu n'es pas un spectre échappé de la flamme ;
Un mort damné, fantôme ou démon désormais[1] ;
2030 Si Dieu n'a point encor mis sur ton front : « Jamais ! »
Si tu sais ce que c'est que ce bonheur suprême
D'aimer, d'avoir vingt ans, d'épouser quand on aime ;
Si jamais femme aimée a tremblé dans tes bras,
Attends jusqu'à demain. – Demain tu reviendras !

---

1. **Si tu n'es pas [...] désormais** : don Ruy est masqué et porte un domino noir.

LE MASQUE

2035 Simple qui parle ainsi ! demain ! demain ! – tu railles !
Ta cloche a ce matin sonné tes funérailles !
Et que ferais-je, moi, cette nuit ? J'en mourrais.
Et qui viendrait te prendre et t'emporter après ?
Seul descendre au tombeau ! Jeune homme, il faut me suivre !

HERNANI

2040 Eh bien, non ! et de toi, démon, je me délivre !
Je n'obéirai pas.

LE MASQUE
            Je m'en doutais. – Fort bien.
Sur quoi donc m'as-tu fait ce serment ? Ah ! sur rien.
Peu de chose après tout ! La tête de ton père.
Cela peut s'oublier. La jeunesse est légère.

HERNANI

2045 Mon père ! – Mon père !... – Ah ! j'en perdrai la raison !...

LE MASQUE

Non, ce n'est qu'un parjure et qu'une trahison.

HERNANI

Duc !...

LE MASQUE
            Puisque les aînés des maisons espagnoles[1]
Se font jeu maintenant de fausser leurs paroles,
Il fait un pas pour sortir.
Adieu !

HERNANI
      Ne t'en va pas.

LE MASQUE
            Alors...

HERNANI
                  Vieillard cruel !

Il prend la fiole.

2050 Revenir sur mes pas à la porte du ciel !...

---

1. **Des maisons espagnoles** : de la grande noblesse d'Espagne.

Rentre doña Sol, sans voir le masque qui est debout près de la rampe au fond du théâtre.

SCÈNE 6. LES MÊMES, DOÑA SOL.

DOÑA SOL

Je n'ai pu le trouver, ce coffret.

HERNANI, *à part.*

Dieu ! c'est elle !

Dans quel moment !

DOÑA SOL

Qu'a-t-il ? je l'effraie, il chancelle

À ma voix ! – Que tiens-tu dans ta main ? quel soupçon !

Que tiens-tu dans ta main ? réponds.

Le domino se démasque. Elle pousse un cri et reconnaît don Ruy.

– C'est du poison !

HERNANI

2055 Grand Dieu !

DOÑA SOL, *à Hernani.*

Que t'ai-je fait ? quel horrible mystère !...

Vous me trompiez, don Juan !...

HERNANI

Ah ! j'ai dû te le taire.

J'ai promis de mourir au duc qui me sauva.

Aragon doit payer cette dette à Silva.

DOÑA SOL

Vous n'êtes pas à lui, mais à moi. Que m'importe

2060 Tous vos autres serments !

À don Ruy Gomez.

Duc, l'amour me rend forte.

Contre vous, contre tous, duc, je le défendrai.

DON RUY GOMEZ, *immobile.*

Défends-le, si tu peux, contre un serment juré.

DOÑA SOL

Quel serment ?

HERNANI

J'ai juré.

DOÑA SOL

Non, non ; rien ne te lie ;
Cela ne se peut pas ! crime, attentat, folie !

DON RUY GOMEZ

2065 Allons, duc !

Hernani fait un geste pour obéir. Doña Sol cherche à l'arrêter.

HERNANI

Laissez-moi, doña Sol, il le faut.
Le duc a ma parole, et mon père est là-haut !

DOÑA SOL, *à don Ruy.*

Il vaudrait mieux pour vous aller aux tigres même
Arracher leurs petits, qu'à moi celui que j'aime.
Savez-vous ce que c'est que doña Sol ? Longtemps,
2070 Par pitié pour votre âge et pour vos soixante ans,
J'ai fait la fille douce, innocente et timide ;
Mais voyez-vous cet œil de pleurs de rage humide ?
Elle tire un poignard de son sein.
Voyez-vous ce poignard ? Ah ! vieillard insensé,
Craignez-vous pas[1] le fer quand l'œil a menacé ?
2075 Prenez garde, don Ruy ! – je suis de la famille[2],
Mon oncle ! – écoutez-moi, fussé-je votre fille,
Malheur si vous portez la main sur mon époux !...
Elle jette le poignard, et tombe à genoux devant le duc.
Ah ! je tombe à vos pieds ! Ayez pitié de nous !
Grâce ! hélas ! monseigneur, je ne suis qu'une femme,
2080 Je suis faible, ma force avorte dans mon âme,
Je me brise aisément, je tombe à vos genoux !
Ah ! je vous en supplie, ayez pitié de nous !

---

1. **Craignez-vous pas :** voir la note 1 p. 55.
2. **De la famille :** doña Sol est la nièce de don Ruy.

Don Ruy Gomez (Antoine Vitez) et doña Sol (Jany Gastaldi).
Mise en scène d'Antoine Vitez, Théâtre national de Chaillot, 1985.

DON RUY GOMEZ
Doña Sol !

DOÑA SOL
Pardonnez ! Nous autres Espagnoles,
Notre douleur s'emporte à de vives paroles,
2085 Vous le savez. Hélas ! vous n'étiez pas méchant !
Pitié ! Vous me tuez, mon oncle, en le touchant !
Pitié ! je l'aime tant !...

DON RUY GOMEZ, *sombre.*
Vous l'aimez trop !

HERNANI
Tu pleures !

DOÑA SOL
Non, non, je ne veux pas, mon amour, que tu meures !
Non, je ne le veux pas.
À don Ruy.
Faites grâce aujourd'hui ;
2090 Je vous aimerai bien aussi, vous.

DON RUY GOMEZ
Après lui !
De ces restes d'amour, d'amitié, – moins encore, –
Croyez-vous apaiser la soif qui me dévore ?
Montrant Hernani.
Il est seul ! il est tout ! Mais moi, belle pitié !
Qu'est-ce que je peux faire avec votre amitié ?
2095 Ô rage ! il aurait, lui, le cœur, l'amour, le trône,
Et d'un regard de vous il me ferait l'aumône !
Et s'il fallait un mot à mes vœux insensés
C'est lui qui vous dirait : – Dis cela, c'est assez ! –
En maudissant tout bas le mendiant avide
2100 Auquel il faut jeter le fond du verre vide !
Honte ! dérision[1] ! Non, il faut en finir.
Bois !

HERNANI
Il a ma parole, et je dois la tenir.

DON RUY GOMEZ
Allons !
*Hernani approche la fiole de ses lèvres. Doña Sol se jette
sur son bras.*

DOÑA SOL
Oh ! pas encor ! Daignez tous deux m'entendre.

DON RUY GOMEZ
Le sépulcre est ouvert, et je ne puis attendre.

DOÑA SOL
2105 Un instant, monseigneur ! mon don Juan ! – Ah ! tous deux
Vous êtes bien cruels ! – Qu'est-ce que je veux d'eux ?
Un instant ! voilà tout... tout ce que je réclame !
Enfin, on laisse dire à cette pauvre femme
Ce qu'elle a dans le cœur !... – Oh ! laissez-moi parler !...

DON RUY GOMEZ, *à Hernani.*
2110 J'ai hâte.

---

1. **Dérision** : diérèse (dé-ri-si-on).

DOÑA SOL

Messeigneurs ! vous me faites trembler !
Que vous ai-je donc fait ?

HERNANI

Ah ! son cri me déchire.

DOÑA SOL, *lui retenant toujours le bras.*
Vous voyez bien que j'ai mille choses à dire !

DON RUY GOMEZ, *à Hernani.*
Il faut mourir.

DOÑA SOL, *toujours pendue au bras d'Hernani.*
Don Juan, lorsque j'aurai parlé,
Tout ce que tu voudras, tu le feras.
Elle lui arrache la fiole.

Je l'ai.
Elle élève la fiole aux yeux d'Hernani et du vieillard étonné.

DON RUY GOMEZ

2115   Puisque je n'ai céans affaire qu'à deux femmes,
Don Juan, il faut qu'ailleurs j'aille chercher des âmes.
Tu fais de beaux serments par le sang dont tu sors,
Et je vais à ton père en parler chez les morts !
– Adieu !...
Il fait quelques pas pour sortir. Hernani le retient.

HERNANI

Duc, arrêtez.
À doña Sol.

Hélas ! je t'en conjure,
2120   Veux-tu me voir faussaire, et félon, et parjure ?
Veux-tu que partout j'aille avec la trahison
Écrite sur le front ? Par pitié, ce poison,
Rends-le-moi ! Par l'amour, par notre âme immortelle...

DOÑA SOL, *sombre.*
Tu veux ?
Elle boit.

Tiens maintenant.

DON RUY GOMEZ, *à part.*
Ah ! c'était donc pour elle !

DOÑA SOL, *rendant à Hernani la fiole à demi vidée.*
2125 Prends, te dis-je.

HERNANI, *à don Ruy.*
Vois-tu, misérable vieillard ?

DOÑA SOL
Ne te plains pas de moi, je t'ai gardé ta part.

HERNANI, *prenant la fiole.*
Dieu !

DOÑA SOL
Tu ne m'aurais pas ainsi laissé la mienne,
Toi !... Tu n'as pas le cœur d'une épouse chrétienne,
Tu ne sais pas aimer comme aime une Silva.
2130 Mais j'ai bu la première et suis tranquille. – Va !
Bois si tu veux !

HERNANI
Hélas ! qu'as-tu fait, malheureuse ?

DOÑA SOL
C'est toi qui l'as voulu.

HERNANI
C'est une mort affreuse !

DOÑA SOL
Non. – Pourquoi donc ?

HERNANI
Ce philtre[1] au sépulcre conduit.

DOÑA SOL
Devions-nous pas dormir ensemble cette nuit ?
2135 Qu'importe dans quel lit !

HERNANI
Mon père, tu te venges
Sur moi qui t'oubliais !
Il porte la fiole à sa bouche.

DOÑA SOL, *se jetant sur lui.*
Ciel ! des douleurs étranges !...
Ah ! jette loin de toi ce philtre !... ma raison

---

1. **Philtre :** breuvage.

S'égare. – Arrête ! hélas ! mon don Juan ! ce poison
Est vivant, ce poison dans le cœur fait éclore
2140 Une hydre[1] à mille dents qui ronge et qui dévore !
Oh ! je ne savais pas qu'on souffrît à ce point !
Qu'est-ce donc que cela ? c'est du feu ! ne bois point !
Oh ! tu souffrirais trop !

HERNANI, à don Ruy.

Ah ! ton âme est cruelle !
Pouvais-tu pas[2] choisir d'autre poison pour elle ?
Il boit et jette la fiole.

DOÑA SOL

2145 Que fais-tu ?

HERNANI

Qu'as-tu fait ?

DOÑA SOL

Viens, ô mon jeune amant,
Dans mes bras.
Ils s'asseyent l'un près de l'autre.

N'est-ce pas qu'on souffre horriblement ?

HERNANI

Non.

DOÑA SOL

Voilà notre nuit de noces commencée !
Je suis bien pâle, dis, pour une fiancée ?

HERNANI

Ah !

DON RUY GOMEZ

La fatalité s'accomplit.

HERNANI

Désespoir !
2150 Ô tourment ! doña Sol souffrir, et moi le voir !

---

1. **Hydre** : serpent fabuleux à plusieurs têtes ; celles-ci repoussaient sitôt
coupées. Ici, le terme évoque la douleur lancinante provoquée par le poison.
2. **Pouvais-tu pas** : voir la note 1 p. 55.

DOÑA SOL

Calme-toi. Je suis mieux. – Vers des clartés nouvelles
Nous allons tout à l'heure ensemble ouvrir nos ailes.
Partons d'un vol égal vers un monde meilleur.
Un baiser seulement, un baiser !
Ils s'embrassent.

DON RUY GOMEZ
Ô douleur !

HERNANI, *d'une voix affaiblie.*

2155 Oh ! béni soit le ciel qui m'a fait une vie
D'abîmes entourée et de spectres suivie,

Illustration d'Achille Devéria (1800-1857)
pour la dernière scène d'Hernani à sa création.
Bibliothèque de l'Arsenal. Fonds Rondel.

Mais qui permet que, las d'un si rude chemin,
Je puisse m'endormir, ma bouche sur ta main !

DON RUY GOMEZ

Qu'ils sont heureux !

HERNANI, d'une voix de plus en plus faible.

Viens... viens... doña Sol, tout est
[sombre...

2160 Souffres-tu ?

DOÑA SOL, d'une voix également éteinte.

Rien, plus rien.

HERNANI

Vois-tu des feux dans l'ombre ?

DOÑA SOL

Pas encor.

HERNANI, avec un soupir.

Voici...

Il tombe.

DON RUY GOMEZ, soulevant sa tête qui retombe.

Mort !

DOÑA SOL, échevelée et se dressant à demi sur son séant.

Mort ! non pas !... nous dormons.

Il dort ! c'est mon époux, vois-tu, nous nous aimons,
Nous sommes couchés là. C'est notre nuit de noce.
D'une voix qui s'éteint.
Ne le réveillez pas, seigneur duc de Mendoce...
2165 Il est las.
Elle retourne la figure d'Hernani.

Mon amour, tiens-toi vers moi tourné.
Plus près... plus près encor...
Elle retombe.

DON RUY GOMEZ

Morte !... Oh ! je suis damné !...

Il se tue.

Repères

• Au moment même où Hernani, redevenu Jean d'Aragon, célèbre sa noce avec doña Sol, le son du cor vient lui rappeler le pacte fatal qui le lie à don Ruy Gomez. Le dénouement tragique est imminent. Quel procédé dramaturgique, souvent utilisé dans l'œuvre, est encore employé ici ?

Observation

• Commentez l'ultime et bref monologue d'Hernani (scène 4). Quelle est l'intention du dramaturge ?
• Sur le plan scénique, qu'apporte l'apparition du masque ? Analysez les effets de sa citation.
• À quoi correspond humainement le sursis demandé par Hernani (v. 2026-2034) ? Est-ce la première fois ? Quelle image du personnage Victor Hugo construit-il ainsi ? Quelle valeur cette attitude donnera-t-elle à sa fin tragique ?
• Analysez la dimension tragique du vers 2039.
• Étudiez l'argumentation du masque (v. 2041-2049) ; que recherche-t-il ?
• Commentez la rencontre entre doña Sol et le masque au début de la scène 6 (v. 2052-2054).
• Montrez l'évolution de l'attitude et du discours de doña Sol (v. 2067-2082) face à don Ruy Gomez.
• Expliquez la signification des vers 2135 et 2136.
• À l'aide d'exemples précis, caractérisez l'attitude de don Ruy Gomez dans la scène 6.
• Par l'observation du lexique, dites quel espoir est implicitement contenu dans les paroles finales du couple agonisant (v. 2151-2166).

Interprétations

• Étudiez la fonction dramatique de don Ruy Gomez dans l'acte V.
• À travers la fin tragique du couple doña Sol/Hernani, vous montrerez quelle conception de l'amour développe le drame romantique de Victor Hugo.

Contraste et tragique du dénouement final

Jusqu'à son terme, le drame de Victor Hugo progresse selon un principe de contraste qui anime en permanence la poétique romantique. Ainsi, le dénouement, qui clôt l'intrigue politique à l'acte IV, propose une vision optimiste et sereine d'un pouvoir politique inaugurant son règne par un acte de pardon et de « *clémence* » (v. 1810) ; en revanche, la scène finale de l'œuvre impose une fatalité tragique qui condamne Hernani et doña Sol à la mort, sous la pression implacable de don Ruy Gomez (« *Le sépulcre est ouvert, et je ne puis attendre.* » v. 2104). Même l'instant de la mort obéit à ce principe du contraste : certes, le couple d'amants meurt, mais apaisé, avec l'espoir éminemment romantique d'un « *monde meilleur* » (v. 2153) et que constate amèrement don Ruy Gomez (« *Qu'ils sont heureux !* » v. 2159) ; au contraire, celui-ci meurt tourmenté et achève le drame par ce cri d'effroi « *Je suis damné !* » (v. 2166).

Doña Sol, l'héroïsme au féminin

Enjeu initial du drame et guidée dès le début par sa passion, c'est elle qui, par son geste final (elle boit la première le poison), tranche le pacte et le dilemme dans lesquels se débat Hernani (v. 2120-2123) et affranchit ainsi le couple de l'emprise de don Ruy Gomez. Figure solaire (comme le suggère son prénom), c'est elle qui montre à son amant le chemin héroïque, mais fatal « *Vers des clartés nouvelles* » (v. 2151).

Une fin lyrique et élégiaque

Dès la fin de l'acte II, le jeune couple pressentait sa destinée tragique : à Hernani qui prédisait « *une noce aux flambeaux* » (v. 699), doña Sol répondait : « *C'est la noce des morts ! la noce des flambeaux !* (v. 700). Si, dans ce dénouement, Victor Hugo représente cet instant funèbre, il le transfigure aussi en développant un chant d'amour dominé par une tonalité lyrique où la mort n'apparaît plus comme une fin, mais plutôt comme un départ qui réunit les amants (v. 2152-2153). Si cette fin fatale inscrit Hernani et doña Sol dans la lignée des couples tragiques (Tristan et Iseut, Roméo et Juliette), les derniers vers appartiennent déjà plus à l'univers poétique de Victor Hugo qu'au drame romantique proprement dit.

Comment lire l'œuvre

ACTION
ET PERSONNAGES

L'action

Schéma narratif

Une femme et trois hommes

Don Carlos s'introduit incognito chez une jeune fille, doña Sol, et se cache dans une armoire à l'arrivée d'Hernani, un proscrit qu'elle aime. Mais don Carlos sort de sa cachette et le duel semble inévitable lorsque survient le vieux duc Ruy Gomez, l'oncle de doña Sol, mais aussi son futur mari. Pour sauver la situation, don Carlos révèle qu'il est le roi d'Espagne. Protégé par don Carlos, Hernani peut partir non sans avoir convenu d'un rendez-vous avec doña Sol ; resté seul, le jeune homme laisse éclater son désir de vengeance et sa haine pour le roi. Le lendemain, don Carlos tente d'enlever doña Sol, mais Hernani intervient ; le roi refuse le duel et Hernani avec grandeur lui laisse la vie sauve. Enfin seul, le couple d'amants savoure un instant un bonheur partagé, mais le tocsin les interrompt : Hernani, recherché par les gardes du roi, doit s'enfuir.

EXPOSITION

Un pacte fatal

Pourchassé et déguisé en pèlerin, Hernani est accueilli par don Ruy Gomez, qui s'apprête à épouser doña Sol. Les deux jeunes gens se retrouvent et réaffirment leur amour indéfectible ; don Ruy Gomez, qui a surpris la scène, sauve malgré tout Hernani : en effet, le roi vient d'arriver et exige le proscrit ; devant le refus du duc, il prend doña Sol en otage. Don Ruy Gomez et Hernani conviennent alors d'un pacte : ils vengeront doña Sol et Hernani mourra quand don Ruy Gomez l'exigera.

NŒUD

La naissance d'un empereur

À Aix-la-Chapelle, don Carlos attend les résultats de l'élection impériale tout en déjouant un complot : parmi les conjurés se trouvent don Ruy Gomez et Hernani ; ce dernier, désigné pour assassiner le roi, refuse de laisser sa place à don Ruy Gomez, qui lui propose pourtant de rompre le pacte. Élu empereur, don Carlos pardonne aux conjurés et annonce le mariage de doña Sol avec Hernani, qui révèle sa véritable identité et abandonne son idée de vengeance.

DÉNOUEMENT

La mort des amants

À Saragosse, les noces de doña Sol et d'Hernani ont lieu ; mais don Ruy Gomez, implacable, vient exiger le respect du pacte fatal ; doña Sol s'empoisonne, imitée par Hernani. Don Ruy Gomez se donne la mort à son tour.

ACTE I, *Le roi*   4 scènes, 414 vers

La rivalité amoureuse qui oppose don Carlos, Hernani et don Ruy Gomez à propos de doña Sol, lance le sujet et l'action.	Une femme est l'enjeu d'un conflit entre trois personnages masculins incarnant respectivement le pouvoir royal, le pouvoir aristocrate et le pouvoir amoureux.

ACTE II, *Le bandit*   4 scènes, 296 vers

Un double conflit, passionnel et d'honneur, se noue : il oppose Hernani et le roi don Carlos.	Malgré des péripéties défavorables, le couple Hernani-doña Sol peut exprimer son amour.

ACTE III, *Le vieillard*   7 scènes, 586 vers

Deux autres conflits se nouent : l'un, passionnel, oppose Hernani et don Ruy Gomez ; l'autre, politique et passionnel, associe ces deux hommes contre don Carlos.	Les coups de théâtre se succèdent : doña Sol est prise en otage par le roi ; don Ruy Gomez renonce à sa loyauté ; Hernani contracte un pacte fatal.

ACTE IV, *Le tombeau*   5 scènes, 514 vers

Grandeur et clémence du nouvel empereur. Espoir tragique de bonheur.	Don Carlos devient l'empereur Charles Quint et absout avec grandeur tous ses opposants ; il donne doña Sol en mariage à Hernani.

ACTE V, *La noce*   6 scènes, 356 vers

Mort du couple Hernani-doña Sol et de don Ruy Gomez.	Au soir des noces d'Hernani et de doña Sol, don Ruy Gomez vient exiger l'exécution du pacte fatal ; le jeune couple choisit de s'unir dans la mort.

• À partir des éléments fournis par le schéma narratif et la structure de la pièce, mettez en évidence ce qui appartient à la dramaturgie classique et ce qui relève des innovations romantiques.

• Dans la préface de *Cromwell*, Victor Hugo préconise que toutes « *les parties, savamment subordonnées au tout, gravitent sans cesse vers l'action centrale* » pour assurer « *l'unité d'ensemble* ». Ce principe vous semble-t-il respecté dans *Hernani* ?

Les personnages

Schéma actanciel

Dans une pièce de théâtre (c'est aussi vrai pour le genre romanesque), les personnages construisent par leurs discours et leurs actions un système où chacun occupe une ou plusieurs fonctions. C'est pourquoi l'observation des fonctions des personnages permet de mieux comprendre l'œuvre. Il convient d'inclure, parmi ces fonctions, les forces agissantes (« *les actants* »), tout ce qui motive et détermine les personnages, comme les valeurs morales, les codes liés à une classe ou à une conception de la vie, les désirs et les pulsions. Six fonctions essentielles contribuent à l'action dramatique :
– **le sujet** : le héros ou celui qui accomplit l'action, qui vise un but ;
– **l'objet** : le but que le sujet cherche à atteindre ;
– **l'adjuvant** : personnage ou force qui aide le sujet ;
– **l'opposant** : personnage ou force qui s'oppose à l'action du sujet ;
– **le destinateur** : personnage ou force qui pousse le sujet à agir, lui désigne l'objet à atteindre ;
– **le destinataire** : personnage ou force qui reçoit l'objet de l'action.
On peut représenter les relations entre ces fonctions de la manière suivante :

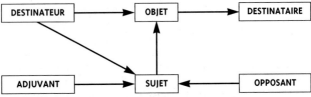

Ainsi, dans son œuvre, Victor Hugo brosse avec Hernani, le portrait d'un héros complexe, incarnant plusieurs fonctions contradictoires : en effet, si le désir de vengeance représente effectivement une force agissante qui constitue et anime le personnage dès le premier acte, elle se heurte à une autre force, tout aussi efficiente : son amour pour doña Sol (« *Entre aimer et haïr je suis resté flottant* » v. 386).

Dès lors, Hugo impose l'expression d'un être déchiré qui cède, tantôt à son besoin de vengeance (« *Mon amour fait pencher la balance incertaine / Et tombe tout entier du côté de ma haine.* » v. 391-392), tantôt à son sentiment amoureux *(« Tu le veux. Qu'il en soit ainsi ! — J'ai résisté »* v. 1035). C'est une autre force, celle incarnée par le pouvoir impérial de don Carlos, devenu Charles Quint, qui mettra fin à ce dilemme en accordant un pardon au proscrit dans l'acte IV (« *Je ne hais plus. Carlos a pardonné* » v. 1788). Mais une autre force, plus puissante encore, anime Hernani : la pulsion de mort, signe d'une malédiction qui poursuit le personnage. Le champ lexical de la mort sature littéralement son discours ; de ce point de vue, ses duos d'amour avec doña Sol (exemples : acte II, scène 4 ; acte III, scène 4 ; acte V, scène 3) sont particulièrement significatifs et révèlent un être tourmenté, convaincu d'être un « *Agent aveugle et sourd de mystères funèbres !* » (v. 993).

À titre d'exemple, voici un schéma actanciel où le sujet est Hernani et l'objet doña Sol ; l'importance des forces opposantes met bien en lumière le statut tragique du couple.

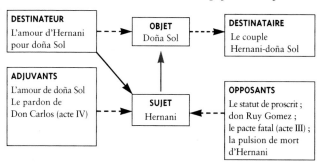

DESTINATEUR	OBJET	DESTINATAIRE
L'amour d'Hernani pour doña Sol	Doña Sol	Le couple Hernani-doña Sol

ADJUVANTS	SUJET	OPPOSANTS
L'amour de doña Sol Le pardon de Don Carlos (acte IV)	Hernani	Le statut de proscrit ; don Ruy Gomez ; le pacte fatal (acte III) ; la pulsion de mort d'Hernani

Le système des personnages

On a parfois reproché à Victor Hugo la multiplication des rebondissements, des digressions, des scènes à personnages multiples, qui rendent complexes la clarté et le déroulement de l'intrigue. S'il est indéniable qu'il existe dans le drame romantique un goût prononcé pour les décors fastueux et les scènes « peuplées » (le drame d'Alfred de Musset, *Lorenzaccio*, publié en 1834, montrera les limites de cette tendance : comportant des dizaines de personnages, il ne sera finalement représenté qu'en décembre 1896, avec de nombreuses coupes !), cela ne doit pas occulter la réalité d'un système de personnages cohérent, même s'il est complexe.

Ainsi, *Hernani* propose une structure articulée autour de quatre personnages, le personnage-titre, doña Sol, don Ruy Gomez et don Carlos. Les autres protagonistes remplissent la même fonction dramaturgique que le décor : ils participent principalement à la mise en place de la couleur historique et locale et ne possèdent pas de réelle profondeur psychologique. Seul le personnage de don Ricardo occupe une fonction qui peut rappeler celle du confident classique (donc un rôle restreint) ; il permet aussi à Hugo de brosser en filigrane le portrait caricatural d'un courtisan arriviste, critique discrète de l'aristocratie de 1830, mais aussi intermède comique qui assure le mélange des genres. Le spectateur suit son ascension sociale tout au long de la pièce : à deux reprises, une distraction du roi don Carlos lui vaut une promotion (il devient comte, acte II, scène 1, et grand d'Espagne, acte IV, scène 1) ; sa diligence à arrêter les conjurés menaçant don Carlos lui vaut enfin le titre d'« *alcade du palais* » (v. 1676).

Limité à quatre protagonistes principaux, le système des personnages d'*Hernani* s'apparente à celui des tragédies classiques du XVIIᵉ siècle ; il s'articule autour du développement et du croisement d'une intrigue passionnelle et d'une intrigue politique. Ici, c'est indéniablement l'action sentimentale (caractéristique majeure du drame romantique avec son corollaire tragique, la mort) qui assure l'unité d'action de l'œuvre : doña Sol, enjeu amoureux des trois personnages masculins, apparaît donc comme le personnage vers lequel convergent trois pouvoirs : amoureux (Hernani), filial (don Ruy Gomez) et politique (don Carlos).

Quant à l'intrigue politique, cadre de cette première action, elle s'organise autour d'un personnage, don Carlos, et de sa métamorphose de roi d'Espagne en Charles Quint, empereur du Saint Empire germanique.

Ce processus dramatique crée un ensemble de réseaux de deux types : les premiers, de type binaire, sont particulièrement nombreux en raison de l'abondance des péripéties, des coups de théâtre qui émaillent l'action et bouleversent le jeu des alliances et des oppositions ; voici quelques exemples de ces réseaux fondés sur :

• **une caractéristique objective :**
– un lien de parenté, oncle-nièce (don Ruy Gomez-doña Sol) ;
– une incarnation du pouvoir (don Carlos-don Ruy Gomez) ;
– un sentiment partagé, l'amour (Hernani-doña Sol).

• **un conflit :**
– une contestation du pouvoir politique (Hernani-don Carlos ; don Carlos-don Ruy Gomez) ;
– un sentiment non partagé (doña Sol-don Ruy Gomez).

• **une alliance de circonstance :**
– face à don Ruy Gomez, la jeunesse contre la vieillesse (don Carlos-Hernani, acte I) ;
– face à don Carlos, incarnation d'un pouvoir autoritaire et injuste (Hernani-don Ruy Gomez, acte III, scène 7).

Le second réseau, unique et de type ternaire, est incarné par le trio tragique Hernani-doña Sol-don Ruy Gomez, et fonctionne sur un mode conflictuel : Hernani et don Ruy Gomez s'affrontent à propos d'une femme ; don Ruy Gomez aime doña Sol, qui aime Hernani. La mort collective de ce trio impossible s'inscrit dans la tradition de la tragédie classique, où la mort apparaît comme l'expression d'une fatalité et la seule issue possible.

Les principaux personnages

Hernani

D'emblée, Victor Hugo dépeint un être en marge, qui se déplace la nuit, déguisé avec « *un costume de montagnard d'Aragon, gris, avec une cuirasse de cuir ; une épée, un poignard et un cor à sa ceinture* » et qui vit avec exaltation et lyrisme sa passion amoureuse pour doña Sol :

> « Moi ! je brûle près de toi !
> Ah ! quand l'amour jaloux bouillonne dans nos têtes,
> Quand notre cœur se gonfle et s'emplit de tempêtes,
> Qu'importe ce que peut un nuage des airs
> Nous jeter en passant de tempête et d'éclairs ! »
>
> Acte I, scène 2, v. 50-54.

Être tourmenté, cachant sa véritable identité, il souffre de son statut de proscrit, mais trouve dans l'amour une raison de vivre :

> « Je le déclare ici, proscrit, traînant au flanc
> Un souci profond, né dans un berceau sanglant,
> Si noir que soit le deuil qui s'épand sur ma vie,
> Je suis un homme heureux, et je veux qu'on m'envie,
> Car vous m'avez aimé ! car vous me l'avez dit !
> Car vous avez tout bas béni mon front maudit ! »
>
> Acte II, scène 4, v. 659-664.

Il nourrit une soif de vengeance inextinguible contre le roi don Carlos, qui décuple lorsque celui-ci devient son rival amoureux :

> « Écoutez : votre père a fait mourir le mien,
> Je vous hais. Vous avez pris mon titre et mon bien,
> Je vous hais. Nous aimons tous deux la même femme,
> Je vous hais, je vous hais, — oui, je te hais dans l'âme ! »
>
> Acte II, scène 3, v. 567-570.

Même dans ses duos d'amour avec doña Sol, Hernani exprime le sentiment de sa singularité et de la conscience tragique de sa destinée :

« Oh ! par pitié pour toi, fuis ! – Tu me crois peut-être
Un homme comme sont tous les autres, un être
Intelligent, qui court droit au but qu'il rêva.
Détrompe-toi. Je suis une force qui va !
Agent aveugle et sourd de mystères funèbres !
Une âme de malheur faite avec des ténèbres !
Où vais-je ? je ne sais. Mais je me sens poussé
D'un souffle impétueux, d'un destin insensé. »

Acte III, scène 4, v. 989-996.

Don Carlos

Roi d'Espagne, ce personnage apparaît d'abord comme un libertin cynique et peu scrupuleux, surtout préoccupé de conquêtes féminines :

« Nous verrons. J'offre donc mon amour à Madame.
Partageons. Voulez-vous ? J'ai vu dans sa belle âme
Tant d'amour, de bonté, de tendres sentiments,
Que Madame, à coup sûr, en a pour deux amants. »

Acte I, scène 2, v. 187-190.

Jeune et impulsif, il a cependant conscience du pouvoir politique qu'il détient et n'hésite pas à l'employer d'une manière brutale pour tenter d'arriver à ses fins amoureuses :

« Eh bien ! que vous m'aimiez ou non, cela n'importe !
Vous viendrez, et ma main plus que la vôtre est forte.
Vous viendrez ! je vous veux ! Pardieu, nous verrons bien
Si je suis roi d'Espagne et des Indes pour rien ! »

Acte II, scène 2, v. 521-524.

Toutefois, lors de son affrontement avec Hernani, il révèle aussi son caractère héroïque et son ambition exceptionnelle :

« Je vais être empereur d'Allemagne.
Je vous fais mettre au ban de l'empire. »

Acte II, scène 3, v. 610-611.

Contrarié par le refus de don Ruy Gomez de lui livrer Hernani, don Carlos révèle son intransigeance et recourt sans hésitation au chantage pour obtenir gain de cause :

> « Choisis. – Doña Sol ou le traître.
> Il me faut l'un des deux. »
>
> Acte III, scène 6, v. 1229-1230.

Cependant, sa candidature puis son élection à la tête de l'empire opèrent une véritable métamorphose de son être intérieur et de son rapport au monde. À la suite d'une méditation politique sur le tombeau de Charlemagne (acte IV, scène 2), c'est une figure transfigurée qui surgit, détachée des rivalités personnelles et consciente de sa mission historique :

> « Éteins-toi, cœur jeune et plein de flamme !
> Laisse régner l'esprit, que longtemps tu troublas :
> Tes amours désormais, tes maîtresses, hélas !
> C'est l'Allemagne, c'est la Flandre, c'est l'Espagne.
> *L'œil fixé sur sa bannière.*
> L'empereur est pareil à l'aigle, sa compagne.
> À la place du cœur, il n'a qu'un écusson. »
>
> Acte IV, scène 4, v. 1766-1771.

Don Ruy Gomez

Vieillard amoureux de sa nièce doña Sol qu'il a prévu d'épouser, don Ruy Gomez pourrait rappeler, dès sa première apparition, le personnage de jaloux trompé des comédies (notamment Arnolphe dans *L'École des femmes*, de Molière, 1662) :

> « Messieurs ! avons-nous fait cela pour rire ? Quoi !
> Un trésor est chez moi : c'est l'honneur d'une fille,
> D'une femme, l'honneur de toute une famille ;
> Cette fille, je l'aime, elle est ma nièce, et doit
> Bientôt changer sa bague à l'anneau de mon doigt.
> Je la crois chaste et pure et sacrée à tout homme ;
> Or il faut que je sorte une heure, et moi qu'on nomme
> Ruy Gomez de Silva, je ne puis l'essayer
> Sans qu'un larron d'honneur se glisse à mon foyer ! »
>
> Acte I, scène 3, v. 258-266.

En fait, ce grand seigneur féodal est un être angoissé par sa condition humaine et la fuite du temps (thèmes romantiques), face à l'image de la jeunesse qu'il ne possède plus :

« Oh ! que je donnerais mes blés et mes forêts,
Et les vastes troupeaux qui tondent mes collines,
Mon vieux nom, mon vieux titre, et toutes mes ruines,
Et tous mes vieux aïeux, qui bientôt m'attendront,
Pour sa chaumière neuve, et pour son jeune front ! »

Acte III, scène 1, v. 740-744.

Et qui recherche dans l'amour impossible de doña Sol une sorte d'échappatoire :

« Oh ! tu seras pour moi cet ange au cœur de femme
Qui du pauvre vieillard réjouit encor l'âme, »

Acte III, scène 1, v. 785-786.

Descendant d'une famille illustre de héros (acte III, scène 6), il est plus qu'un simple barbon transi d'amour : il incarne avec fierté les valeurs du passé et de l'honneur castillan et demeure fidèle à ses engagements, quel que soit le prix à payer ; ainsi, conformément aux lois de l'hospitalité, il refuse de livrer Hernani, son hôte :

« Mieux voir croître du chanvre où ma tour s'éleva
Qu'une tache ronger le vieux nom de Silva.
Aux portraits.
N'est-il pas vrai, vous tous ? »

Acte III, scène 6, v. 1187-1189.

Rival amoureux du jeune Hernani, il représente dans le processus tragique l'instrument du destin qui s'oppose à la vie du couple Hernani-doña Sol et provoque finalement sa mort :

« Le sépulcre est ouvert, et je ne puis attendre. »

Acte V, scène 6, v. 2104.

Doña Sol

Seul personnage féminin dans un univers masculin (excepté la brève apparition d'une duègne, acte I, scènes 1 et 2, et l'unique réplique d'une dame, acte V, scène 1), doña Sol cristallise les passions des trois autres personnages principaux. Dès le début de l'intrigue, par la force irréductible de son amour pour Hernani, elle incarne une image de l'héroïne romantique entièrement dévouée à sa passion, quels que soient les obstacles :

> « Hernani, n'allez pas sur mon audace étrange
> Me blâmer. Êtes-vous mon démon ou mon ange ?
> Je ne sais. Mais je suis votre esclave. Écoutez,
> Allez où vous voudrez, j'irai. Restez, partez,
> Je suis à vous. Pourquoi fais-je ainsi ? je l'ignore. »
>
> Acte I, scène 2, v. 151-155.

Ainsi, elle résiste physiquement à une tentative d'enlèvement par le roi :

> « Pour un pas, je vous tue et me tue ! »
>
> Acte I, scène 3, v. 543.

Et oublie la jalousie naïve d'Hernani :

> « Hernani ! je vous aime et vous pardonne, et n'ai
> Que de l'amour pour vous. »
>
> Acte III, scène 4, v. 919-920.

Enfin, au soir de ses noces, c'est elle qui, par sa volonté, sort Hernani de son cruel dilemme et impose le couple tragique, par-delà la mort :

> « Nous sommes couchés là. C'est notre nuit de noce. »
>
> Acte V, scène 6, v. 2163.

Les personnages secondaires

Le nombre élevé des personnages secondaires est inversement proportionnel à leur importance sur le plan dramatique : en effet, leur présence répond essentiellement au besoin de mouvement, d'effets de foule, de couleur historique et locale, et de mélange des genres de la dramaturgie romantique (notamment avec don Ricardo et don Matias, acte II, scène 1 et acte V, scène 1) ; elle n'apporte rien dans la progression des intrigues.

Hernani ou l'expression d'une nouvelle dramaturgie

En 1830, le succès d'*Hernani* consacre l'avènement en France d'un nouveau genre théâtral, le drame romantique ; si celui-ci doit beaucoup au génie littéraire de Victor Hugo, il convient toutefois de rappeler qu'il s'inscrit aussi dans un mouvement complexe où se mêlent l'émergence de la sensibilité individuelle (avec un goût prononcé pour l'Histoire et l'identité nationale) et des courants d'idées européens où les réflexions esthétiques et politiques traduisent un besoin de renouvellement et une plus grande liberté dans tous les domaines (voir « Contextes » p. 16 et « Genèse de l'œuvre » p. 30).

Par ailleurs, des œuvres antérieures ont préparé l'émergence du drame romantique qui régnera une brève décennie sur le genre dramatique. Le *Théâtre de Clara Gazul* (1825) de Prosper Mérimée pose un premier jalon, même si l'œuvre n'est pas jouée ; Victor Hugo participe également à cette production d'un théâtre écrit, mais difficilement jouable, avec *Cromwell* (1827), dont la préface devient le véritable manifeste d'un nouveau genre dramatique. En 1829, Alexandre Dumas, avec un sujet historique (*Henri III et sa cour*), et Alfred de Vigny, avec *Le More de Venise* (adaptation de l'*Othello* de Shakespeare), sont les précurseurs du drame romantique représenté sur une scène.

Mais c'est indéniablement la représentation d'*Hernani*, le 25 février 1830, à la Comédie-Française qui marque la naissance du drame romantique ; deux camps s'y affrontent : d'un côté, un courant esthétique et politique, conservateur, hostile à toute innovation, de l'autre, Victor Hugo et ses partisans qui aspirent à de profonds changements.

Hernani, emblème d'une génération, prend ses distances avec les formes anciennes héritées du XVIIᵉ siècle qui ont perduré jusqu'au XIXᵉ ; l'œuvre donne la primauté à l'action, concrétise la volonté de liberté et de vérité dans l'art par un mélange des genres jusque-là interdit par les principes classiques. À travers ce drame fondateur, c'est aussi toute la poétique hugolienne qui se met en place.

L'abandon des règles classiques

D'un prime abord, *Hernani* semble se conformer au modèle de la tragédie classique : le choix du sujet s'inscrit dans un contexte historique qui apparaît dès la lecture de la liste des personnages (« *Espagne – 1519* »), avec des nobles de premier plan (« *Don Carlos* », le roi d'Espagne, et une suite de grands seigneurs). La composition de la pièce en cinq actes renforce cette illusion avec une exposition dans l'acte I (les quatre personnages principaux – doña Sol, Hernani, don Carlos, don Ruy Gomez – sont réunis dès la scène 3 de l'acte I) et un dénouement tragique dans l'acte final, avec la mort du couple doña Sol-Hernani et de don Ruy Gomez (scène 6).

En fait, Victor Hugo conserve ces caractéristiques majeures de la tragédie classique, tout en les intégrant à une nouvelle dramaturgie (c'est notamment cet amalgame qui scandalisa) qui rompt fondamentalement avec le modèle ancien. Ainsi, la règle des trois unités (temps, lieu, action) disparaît de la structure dramatique :

– L'action d'*Hernani* se déploie sur environ six mois, entre la mort de Maximilien, empereur d'Allemagne (15 janvier 1519), annoncée par don Carlos dans l'acte I, scène 3 (v. 278-279), et l'élection de ce même personnage, sous le nom de Charles Quint, dans l'acte IV (didascalie finale, scène 3 ; v. 1663, scène 4).

– L'unité de lieu disparaît également ; les actes I et II se déroulent bien à Saragosse, mais dans des lieux différents : « *Une chambre à coucher* » dans l'acte I, lieu intime peu conforme avec les règles de bienséance (voir ci-dessous) et la solennité de l'antichambre racinienne ou du palais cornélien ; dans l'acte II, « *Un patio du palais de Silva* ». L'acte III transporte l'action au « *château de Silva* » dans « *les montagnes d'Aragon* ». L'unité de lieu vole un peu plus en éclats dans l'acte IV, puisque l'action change une nouvelle fois de lieu, mais aussi de pays, et se déroule à Aix-la-Chapelle. L'acte V ramène l'action en Espagne à Saragosse, dans un nouveau lieu, « *le palais d'Aragon* ».

– En ce qui concerne l'unité d'action, à laquelle Hugo préfère « *l'unité d'ensemble* » (voir les extraits de la préface de *Cromwell*, pp. 32-33), elle subit de profondes distorsions : ainsi, l'acte III se clôt sur la suspension de l'intrigue passionnelle qui réunit les quatre protagonistes, alors que l'acte IV, par une ellipse forcée, développe et assure le dénouement de l'intrigue politique.

Par ailleurs, le respect des bienséances disparaît complètement, traduisant bien l'aspiration de liberté du drame romantique. Des hommes se retrouvent en pleine nuit dans la chambre d'une jeune fille (acte I) ; un roi se cache dans un placard à balais (acte I, scène 2) ; don Carlos violente sur scène doña Sol et celle-ci lui résiste avec un poignard (acte II, scène 2) ; on se bat sur scène (acte I, scène 2) et les personnages se suicident devant les spectateurs (acte V, scène 6).

Enfin, à plusieurs reprises, la vraisemblance et la vérité historique deviennent secondaires et se trouvent ignorées pour les besoins de la dramaturgie : ainsi, Hugo situe l'élection impériale à Aix-la-Chapelle (acte IV), alors qu'elle s'est déroulée en réalité à Francfort, pour intégrer le tombeau et la présence de Charlemagne au processus dramatique et psychologique qui transforme le roi libertin don Carlos en Charles Quint, empereur grave, préférant la clémence à la vengeance (v. 1780-1786).

Hernani met en scène une action dans un contexte spatio-temporel qui brise le carcan classique et donne la priorité au rythme.

Un théâtre en action

Étymologiquement le terme « *drame* » signifie « *action* » et c'est à celle-ci que Victor Hugo entend donner la priorité (voir la préface de *Cromwell*, p. 33) ; de ce point de vue, la structure dramatique d'*Hernani* développe une dynamique fondée sur quatre éléments :

– La progression d'une double intrigue, passionnelle et politique, où se mêlent la destinée individuelle et le mouvement de l'Histoire : ainsi, Hernani, don Ruy Gomez et don Carlos se disputent doña Sol, mais le statut royal, puis impérial, de don Carlos inscrit cette rivalité dans un contexte politique.

– L'utilisation récurrente du coup de théâtre rythme l'action dramatique et place le spectateur dans une situation d'imprévisibilité permanente : à l'acte I, scène 2, don Carlos interrompt le dialogue amoureux de doña Sol et Hernani (v. 171-172), avant l'arrivée, également impromptue, de don Ruy Gomez (acte I, scène 3). À l'acte suivant, Hernani empêche in extremis l'enlèvement de doña Sol (scène 2, v. 541). Au début de l'acte III, Hernani, déguisé en pèlerin, dévoile brutalement son identité à don Ruy Gomez (v. 856-857) ; à la scène 5, ce dernier surprend le duo d'amour entre Hernani et doña Sol avant l'arrivée imprévue du roi ; à la scène suivante, celui-ci prend en otage doña Sol. Dans l'acte IV, don Carlos, devenu empereur, surprend tous les conjurés par sa clémence et, contre toute attente, donne la main de doña Sol à Hernani, redevenu Jean d'Aragon. Enfin, ultime coup de théâtre, le couple marié meurt tragiquement pour respecter une promesse fatale d'Hernani.

– La multiplication des lieux constitue le troisième élément de cette dynamique. L'action du drame se déploie dans un espace élargi, ouvert, inscrit dans une réalité physique et historique : quatre lieux différents en Espagne (actes I, II, III et V) et le tombeau de Charlemagne en Allemagne (acte IV) ; chaque endroit permet la mise en place d'un décor différent et somptueux précisément décrit dans les nombreuses didascalies.

Ainsi, l'espace scénique, lieu abstrait dans les œuvres classiques, devient ici un élément majeur de la dramaturgie : il participe (avec les costumes des personnages, eux aussi décrits dans des didascalies) à l'évocation de « *la couleur locale* » ; il intervient également dans le jeu dramatique (par exemple, il offre des cachettes, acte I, scène 1, acte II, scène 5, acte IV, scène 2) et traduit visuellement le cheminement psychologique d'un personnage (le tombeau de Charlemagne vaut comme lieu et représentation de la méditation de don Carlos dans l'acte IV).

– Les personnages eux-mêmes incarnent le dernier élément de ce théâtre d'action : contrairement à la dramaturgie classique où l'action se circonscrit au discours, le drame romantique représente des personnages qui joignent le geste à la parole et vivent des évolutions majeures. Hernani passe du statut de proscrit (acte I) à celui de Jean d'Aragon (acte IV) et enfin de héros tragique (acte V), par une série d'actions dictées par ses sentiments et ses principes. Le libertinage de don Carlos (actes I et II) s'estompe (acte III) pour disparaître complètement (acte IV) et révéler un être transfiguré par son nouveau pouvoir. Doña Sol, personnage constant dans ses sentiments, accomplit, dans la dernière scène du drame, le geste tragique qui lui permet d'échapper avec Hernani au cruel dilemme imposé par don Ruy Gomez. Quant à ce dernier personnage, modèle de « *l'honneur castillan* » (acte III, scène 6), il peut renoncer à sa « *vieille loyauté* » envers le roi (v. 1245-1246) pour une alliance de circonstance avec son rival Hernani.

Le mélange des genres

À travers les actions des personnages et les contradictions qu'elles révèlent, Hugo met en scène son principe de vérité dans l'art, avec la nécessité, par souci de réalisme, de mélanger les genres (voir la préface de *Cromwell*). Ce choix esthétique est aussi métaphysique puisqu'il permet d'exprimer la dualité de l'homme et des choses et de rechercher le naturel par la juxtaposition du comique et du tragique, « *du grotesque au revers du sublime* ». Ainsi, *Hernani* débute par trois scènes de comédie où trois galants rivaux (avec un roi caché dans un placard à balais comme un simple valet) s'affrontent pour une femme ; mais l'acte s'achève par un monologue tragique du personnage-titre, qui exprime avec violence sa haine du roi don Carlos (scène 4). De la même façon, le déguisement et le masque, procédés appartenant à la farce et à la comédie, sont utilisés ici, mais détournés de leur usage classique : le déguisement de pèlerin d'Hernani (outre sa fonction dramaturgique) traduit le statut de proscrit du personnage ; le masque du domino noir qui se glisse dans la fête des noces de doña Sol et Hernani (acte V, scène 1) annonce le dénouement tragique.

La diversité des tonalités employées participe aussi à l'émergence de cette nouvelle dramaturgie qui, tout en reprenant les thématiques classiques (le dilemme honneur-passion, les luttes de pouvoir, l'expression des sentiments, etc.), rend ses personnages plus sensibles et aptes à provoquer de la compassion chez le spectateur. Voici quelques exemples de ces tonalités dans *Hernani* :

– La tonalité comique dans l'acte I, lorsque don Carlos interrompt le dialogue entre Hernani et doña Sol en sortant de l'armoire et répond à une question sur sa présence par cette formule désinvolte : « *Moi ? – Mais, à ce qu'il paraît, / Je ne chevauchais pas à travers la forêt.* » (v. 177-178).

– La tonalité épique du discours de don Ruy Gomez exaltant les valeurs d'honneur et de courage de ses ancêtres (acte III, scène 6).

– La tonalité lyrique de la tirade d'Hernani se joignant avec grandeur aux conjurés arrêtés (v. 1718-1740).

– La tonalité tragique de la scène finale où le couple d'amants choisit de s'unir dans la mort.

La poétique romantique

Si *Hernani* est, comme nous l'avons vu, un théâtre d'action, il met avant tout en jeu un discours dans lequel s'incarnent les personnages. De ce point de vue, l'emploi et le traitement de l'alexandrin apportent sa profonde originalité à l'œuvre de Victor Hugo (même si celui-ci retiendra la prose pour d'autres drames). Admettant que le vers est « *une forme de bronze qui encadre la pensée du mètre* » (préface de *Cromwell*, voir p. 35), il le plie cependant au dialogue, à l'idée, par le recours au « *vers brisé* » et n'hésite pas pour mimer l'action à construire un alexandrin en six répliques (v. 18). Adoptant une plus grande mobilité des coupes, effaçant souvent la césure et pratiquant l'enjambement et le rejet (voir les deux premiers vers du drame qui provoquèrent le début de la « bataille »), le dramaturge crée un nouvel alexandrin où le rythme ternaire (fondé sur trois accents principaux) devient l'archétype du vers romantique (par exemple : *Je suis banni ! je suis proscrit ! je suis funeste !* v. 681).

À ces nouveautés prosodiques s'ajoute une rhétorique où abondent les figures d'opposition (comme l'antithèse) et d'exagération (comme l'hyperbole), expressions d'un univers dominé par des contrastes et des conflits. Enfin, le lexique même s'affranchit des contraintes classiques et des termes jusque-là interdits apparaissent (la scène initiale en propose un véritable florilège : *escalier, barbe, écurie, manche à balai, moustache*).

Ainsi, la dramaturgie d'*Hernani* marque bien l'émergence d'un nouveau genre ; elle annonce aussi, et peut-être surtout, l'originalité de la poétique hugolienne.

Correspondances

Tirades et monologues dans le drame romantique

- Hugo, *Hernani,* 1830, acte I, scène 4 (v. 381-414).
- Hugo, *Hernani,* 1830, acte III, scène 4 (v. 973-1004).
- Musset, *Lorenzaccio,* 1834, acte III, scène 3, première tirade.
- Vigny, *Chatterton,* 1835, acte III, scène 7.
- Hugo, *Ruy Blas,* 1838, acte IV, scène 1 (v. 1497-1530).

Le tragique dans *Hernani*

Le drame romantique propose souvent une vision pessimiste du monde et met en scène des personnages aux prises avec un destin dont l'issue est la plupart du temps funeste. Si, de ce point de vue, *Hernani* relève en partie du modèle aristotélicien de la tragédie classique, Hugo développe aussi une dynamique dramatique et des expressions du tragique originales qui inscrivent les personnages dans une réalité humaine plus proche.

La filiation aristotélicienne

Le texte théorique fondateur en matière théâtrale, l'*Art poétique* d'Aristote, définit la tragédie comme « *l'imitation d'une action [...] faite par des personnages en action et non au moyen d'un récit, et qui, suscitant pitié et crainte, opère la purgation propre à pareilles émotions* » ; repris par la tragédie du XVIIe siècle, ce fondement théorique conserve dans *Hernani* une réelle efficience : certes, il ne s'agit plus pour Hugo de provoquer « *pitié et crainte* », mais de montrer sur scène la lutte et les interrogations d'un couple, Hernani-doña Sol, aux prises avec un déterminisme funeste et des forces externes ; des émotions et des faux espoirs entretenus par la progression dramatique, du mélange des genres, de la mort refusée et finalement choisie, naît un tragique profondément humain, susceptible de créer un sentiment de compassion chez le spectateur.

La dynamique tragique

En effet, le rythme dramatique de l'œuvre installe la tension propice à l'émergence du tragique. Ainsi, l'acte I débute par trois scènes relevant du genre comique (avec la scène de vaudeville du roi caché dans l'armoire) ; c'est le monologue d'Hernani (scène 4) qui rompt la tonalité légère en mettant en place la thématique de la haine et de la vengeance (v. 384). Ce contraste (véritable principe esthétique de ce drame) est repris en écho dans l'acte II avec les deux scènes initiales de libertinage auxquelles s'oppose la menace qui sépare le couple Hernani-doña Sol dans la scène finale (scène 4). L'acte III marque un tournant dans la pièce : la figure impérieuse de don Ruy Gomez, l'exigence de son amour impossible pour doña Sol (scène 1) et sa résistance héroïque à don Carlos (scène 6) installent une atmosphère inquiétante, amplifiée par le pacte fatal que contracte Hernani (scène 7). L'acte IV, par le lieu où il se déroule (le tombeau de Charlemagne) et l'action qui s'y déroule (la réunion des conjurés et le projet d'assassiner don Carlos, scène 3), accentue dans un premier temps l'atmosphère pesante de l'acte précédent. En revanche, la solution politique qui intervient (la clémence de Charles Quint, scène 4), la reconnaissance d'Hernani et son union annoncée avec doña Sol donnent l'illusion d'un dénouement heureux ; illusion d'autant plus efficace qu'elle rappelle précisément l'issue positive du modèle cornélien (le pardon de don Fernand à Rodrigue dans *Le Cid*, et celui d'Auguste à Cinna et Émilie dans *Cinna*). En fait, le dernier acte, consacré exclusivement au dénouement de l'intrigue passionnelle, brise brutalement ce rêve avec la mort du couple et de leur bourreau (scène 6).

Victor Hugo construit ainsi une dynamique fondée sur une alternance de situations, de tonalités, d'espoirs, mais installe au cœur de la progression dramatique (acte III, scène 7) un mécanisme qui fonctionne à retardement, mais avec une efficacité tragique.

Les expressions du tragique

Dans la tragédie classique, le destin des personnages est souvent lié à une malédiction divine et au joug d'une passion intérieure (Phèdre et Hippolyte), à une filiation criminelle (Agrippine et Néron), ou encore au poids d'un code d'honneur (le Cid) ; dans l'œuvre de Victor Hugo, la logique tragique conjugue à la fois une part de prédestination et une part d'incapacité existentielle à sortir de l'engrenage fatal. De ce point de vue, le couple Hernani-doña Sol est particulièrement exemplaire.

– **Hernani** : son rapport conflictuel avec don Carlos correspond à une sorte d'héritage paternel dont il supporte le poids par son statut de proscrit et pense s'en affranchir par la haine et la vengeance (acte I, scène 4 ; acte II, scène 3) ; à cela s'ajoute le conflit amoureux qui réactualise en quelque sorte la prédestination initiale (« *Je vous hais. Vous avez pris mon titre et mon bien, / Je vous hais. Nous aimons tous deux la même femme* », v. 568-569). Mais Hugo suggère aussi que cette situation est nourrie par des forces internes, véritables pulsions morbides du personnage : son discours est saturé par le champ lexical de la mort, y compris dans ses duos d'amour avec doña Sol (« *Oh ! l'amour serait un bien suprême / Si l'on pouvait mourir de trop aimer !* » v. 1029-1030), et le motif de l'échafaud constitue un leitmotiv inquiétant dans ses propos (v. 89, 118, 146, 640, 654-655 et 1731). Cette parole tragique est aussi l'expression d'un « moi » conscient de sa propre aliénation (« *… C'est un démon redoutable, te dis-je / Que le mien. Mon bonheur, voilà le seul prodige / Qui lui soit impossible…* » v. 1005-1007). Enfin, c'est lui qui contracte le pacte fatal avec don Ruy Gomez et offre paradoxalement sa vie à celui qui vient de la sauver (v. 1255-1256).

– **Doña Sol** : promise par un arrangement familial à son oncle, elle refuse d'emblée cette prédestination et apparaît comme une figure affranchie qui n'hésite pas à envisager sa fuite avec Hernani (acte I, scène 3) ; mais l'échec de cette solution la place rapidement dans des dispositions psychologiques où les images funestes abondent, y compris pour exprimer l'intensité de son amour pour Hernani (« *… le bonheur de mourir près de lui* », v. 680). Dans la scène finale, c'est elle qui maintient l'unité du couple menacée par don Ruy Gomez en choisissant par le suicide d'affirmer sa maîtrise du destin, même si celui-ci est tragique. La passion romantique apparaît ainsi comme une des expressions du tragique en mettant en scène un couple déchiré (au sens étymologique, « passion » signifie souffrance) et qui, dans son renoncement à la vie, fait du sentiment amoureux une valeur supérieure à tout.

Le tragique hugolien

Dans la tragédie classique, la fatalité omniprésente développe le processus tragique d'une manière linéaire et continue ; en revanche, dans *Hernani*, Victor Hugo mélange les genres (voir « La dynamique tragique », p. 247), provoquant des ruptures dans l'intensité dramatique. Néanmoins plusieurs procédés assurent une continuité et construisent le tragique hugolien : au premier rang, l'unité assurée par la dimension nocturne de ce drame (voir les didascalies) qui, symboliquement, amplifie l'omniprésence du champ lexical de la mort ; par ailleurs, le balancement entre action et méditation et la quête d'identité du héros (et de don Carlos) suggèrent un univers gouverné par une instabilité profonde. La théâtralité des scènes à personnages, l'emploi d'un alexandrin où l'idée domine (imposant et créant coupes, rythmes, enjambements, ponctuation expressive, pathétique et lyrisme) accentuent également ce phénomène et participent à l'expression de l'angoisse des personnages. La fin du couple romantique qui choisit la mort dans la nuit et part « *Vers des clartés nouvelles* » (v. 2151) révèle aussi la vision transfigurée et poétique d'un auteur chez qui le dramaturge cède déjà la place au poète.

Correspondances

La représentation de la mort au théâtre
- Shakespeare, *Othello*, 1604.
- Corneille, *Horace*, 1640.
- Racine, *Phèdre*, 1677.
- Hugo, *Marion de Lorme*, 1829.
- Ionesco, *Le roi se meurt*, 1962.

L'expression du tragique dans le drame romantique
- Dumas, *Henri III et sa cour*, 1829.
- Vigny, *Le More de Venise*, 1829.
- Musset, *Lorenzaccio*, 1834.
- Hugo, *Ruy Blas*, 1838.

Hernani, un personnage romantique

En 1830, la génération née au début du siècle mesure les bouleversements liés aux événements historiques : éprise de liberté individuelle, exaltée par les figures héroïques de l'Histoire, elle éprouve un sentiment d'ennui et de malaise existentiel dans une société qui lui paraît figée. Plusieurs œuvres, comme *René* (1802) de Chateaubriand, *Adolphe* (1816) de Benjamin Constant, *Le Rouge et le Noir* (1830) de Stendhal, montrent des héros atteints par « *le mal du siècle* » et le besoin d'accomplir une destinée exemplaire. C'est dans ce contexte qu'apparaît Hernani, être jeune et exalté, marqué d'emblée par l'existence et animé d'intenses contradictions qui le vouent à un destin fatal et en font l'archétype du héros romantique.

Un héros existentiel tourmenté

La première apparition d'Hernani se déroule clandestinement la nuit ; son « *costume de montagnard, gris, avec une cuirasse de cuir ; une épée, un poignard et un cor à la ceinture* », outre sa théâtralité, signale un être en marge et en lutte. Sa première réplique confirme cette impression initiale et indique une souffrance amoureuse (« *Pourquoi le sort mit-il mes jours si loin des vôtres ?* » v. 39), révélatrice d'une situation qu'il ne maîtrise pas : solitaire et proscrit (v. 48), sa vie est réglée par une vengeance à accomplir (v. 104). Dépossédé (v. 113-122), il vit sous une identité d'emprunt (v. 169). À cette existence tourmentée, Hernani oppose une forte individualité et une volonté de lutter, même quand les forces en présence lui sont, a priori, supérieures : ainsi, il fait front au pouvoir royal, le provoque même (v. 560-565), montrant une personnalité orgueilleuse ne se pliant pas aux conventions (il tutoie le roi), mais possédant aussi le sens de l'honneur (Hernani laisse la vie sauve au monarque, acte II, scène 3). Ce même sens de l'honneur le conduit à contracter un pacte fatal avec don Ruy Gomez pour être à la hauteur du geste accompli par le vieillard (acte III, scène 7).

Impulsif, Hernani contrôle mal ses émotions et vit dans une continuelle instabilité psychologique, caractéristique du héros romantique : jaloux, il accable avec violence doña Sol (v. 893-912), avant de comprendre sa méprise et de lui conseiller finalement d'épouser don Ruy Gomez (v. 953) ! En brossant le portrait d'un être complexe qui, tout en pressentant sa destinée fatale, accepte avec grandeur l'affrontement (v. 614), Victor Hugo installe la figure d'un héros tragique.

Hernani, un destin romantique

L'expression du malheur constitue une autre caractéristique majeure de la sensibilité romantique : « *... proscrit, traînant au flanc / Un souci profond, né dans un berceau sanglant,* » (v. 659-660), Hernani a conscience de ne pouvoir assurer la vengeance familiale qui lui a été confiée et, dès lors, de ne pouvoir vivre sereinement son amour avec doña Sol (v. 965-968) ; tous ces duos d'amour, traversés par l'obsession de cette malédiction, expriment l'ambivalence d'un être mû par des pulsions contradictoires de vie et de mort. Conscient d'être le jouet de puissances qui le dépassent, « *Agent aveugle et sourd de mystères funèbres !* » (v. 999), cette « *force qui va* » pressent également sa fonction tragique auprès de doña Sol : « *Tout se brise, tout meurt. Malheur à qui me touche ! / Oh ! fuis ! détourne-toi de mon chemin fatal.* » (v. 1002-1003).

Un comportement souvent suicidaire (acte III, scène 3 ; acte IV, scène 4) et un nihilisme profond animent ce personnage : l'omniprésence du champ lexical de la nuit et de la mort traverse son discours et annonce métaphoriquement et de manière prémonitoire le pouvoir funeste du personnage sur doña Sol, figure solaire de la vie promise : « *... je noircirais tes jours avec mes nuits !* » (v. 940).

Toujours prêt à l'action, mais à chaque fois hésitant et retenu au moment crucial, Hernani se réfugie et s'accomplit dans une parole lyrique et pathétique, où la tirade signale à la fois l'expansion d'un moi déchiré par des conflits intérieurs et l'impuissance à agir. Même au moment ultime du dénouement tragique (acte V, scène 6), c'est doña Sol qui accomplit la première le geste fatal, boit le poison, et entrevoit les « *clartés nouvelles* » où son amant la rejoint.

Si la mort frappe le héros romantique, Hugo impose aussi une vision poétique où la force de l'amour qui lie Hernani et doña Sol leur permet d'échapper finalement à la malédiction et de partir enfin heureux « *vers un monde meilleur* » (v. 2153).

Correspondances

Figures de héros

- Shakespeare, *Hamlet*, 1601, acte II, scène 2.
- Corneille, *Le Cid*, 1637, acte III, scène 4.
- Racine, *Britannicus*, 1669, acte II, scène 6 (v. 693-711).
- Musset, *Lorenzaccio,* 1834, acte III, scène 3.
- Sartre, *Les Mouches*, 1943, acte II, scène 2.

–1

« **Hamlet.** — Oui, que Dieu soit avec vous ! Maintenant je suis seul. Ô misérable rustre, maroufle que je suis ! N'est-ce pas monstrueux que ce comédien, ici, dans une pure fiction, dans le rêve d'une passion, puisse si bien soumettre son âme à sa propre pensée, que tout son visage s'enflamme sous cette influence, qu'il a les larmes aux yeux, l'effarement dans les traits, la voix brisée, et toute sa personne en harmonie de formes avec son idée ? Et tout cela, pour rien ! Pour Hécube ! Que lui est Hécube, et qu'est-il à Hécube, pour qu'il pleure ainsi sur elle ? Que serait-il donc, s'il avait les motifs et les inspirations de la douleur que j'ai ? Il noierait la scène dans les larmes, il déchirerait l'oreille du public par d'effrayantes apostrophes, il rendrait fous les coupables, il épouvanterait les innocents, il confondrait les ignorants, il paralyserait les yeux et les oreilles du spectateur ébahi ! Et moi pourtant, niais pétri de boue, blême coquin, Jeannot rêveur, impuissant pour ma propre cause, je ne trouve rien à dire, non, rien ! En faveur d'un roi à qui l'on a pris son bien et sa vie si chère dans un guet-apens damné ! Suis-je donc un lâche ? Qui veut m'appeler manant ? me fendre la caboche ? m'arracher la barbe et me la souffler à la face ? me pincer par le nez ? me jeter le démenti par la gorge en pleine poitrine ? Qui veut me faire cela ? Ah ! Pour sûr, je garderai la chose ! Il faut absolument que j'aie le foie d'une tourterelle et que je n'aie pas assez de fiel pour rendre l'injure amère : autrement il y a déjà longtemps que j'aurais engraissé tous les milans du ciel avec les entrailles de ce drôle. Sanguinaire et obscène scélérat ! sans remords ! traître ! paillard ! ignoble scélérat ! Ô vengeance ! Quel âne suis-je donc ? Oui-da, voilà qui est bien brave ! Moi, le fils du cher assassiné, moi que le ciel et l'enfer poussent à la vengeance, me borner à décharger mon cœur en paroles, comme une putain, et à tomber dans le blasphème, comme une coureuse, comme un marmiton ! Fi ! quelle honte !... En campagne, ma cervelle !... Humph ! j'ai ouï dire que des créatures coupables, assistant à une pièce de théâtre, ont par l'action seule de la scène, été frappées dans l'âme, au point que sur-le-champ, elles ont révélé leurs forfaits. Car le meurtre, bien qu'il n'ait pas de langue, trouve pour parler une voix miraculeuse. Je ferai jouer par ces comédiens quelque chose qui ressemble au meurtre de mon père, devant mon oncle. J'observerai ses traits, je le sonderai jusqu'au vif : pour peu qu'il se trouble, je sais ce que j'ai à faire. »

Shakespeare, *Hamlet*, 1601, acte II, scène 2
(traduction de F.-V. Hugo).

2

« **Don Rodrigue.** — Je fais ce que tu veux, mais sans quitter l'envie
De finir par tes mains ma déplorable vie ;
Car enfin n'attends pas de mon affection
Un lâche repentir d'une bonne action.
L'irréparable effet d'une chaleur trop prompte
Déshonorait mon père, et me couvrait de honte.
Tu sais comme un soufflet touche un homme de cœur ;
J'avais part à l'affront, j'en ai cherché l'auteur :
Je l'ai vu, j'ai vengé mon honneur et mon père ;
Je le ferai encor, si j'avais à le faire.
Ce n'est pas qu'en effet contre mon père et moi

Ma flamme assez longtemps n'ait combattu pour toi ;
Juge de son pouvoir : dans une telle offense
J'ai pu délibérer si j'en prendrais vengeance.
Réduit à te déplaire, ou souffrir un affront,
J'ai pensé qu'à son tour mon bras était trop prompt ;
Je me suis accusé de trop de violence ;
Et ta beauté sans doute emportait la balance,
À moins que d'opposer à tes plus forts appas
Qu'un homme sans honneur ne te méritait pas ;
Que, malgré cette part que j'avais en ton âme,
Qui m'aima généreux me haïrait infâme ;
Qu'écouter ton amour, obéir à sa voix,
C'était m'en rendre indigne et diffamer ton choix.
Je te le dis encore ; et quoique j'en soupire,
Jusqu'au dernier soupir je veux bien le redire :
Je t'ai fait une offense, et j'ai dû m'y porter
Pour effacer ma honte, et pour te mériter ;
Mais quitte envers l'honneur, et quitte envers mon père,
C'est maintenant à toi que je viens satisfaire.
C'est pour t'offrir mon sang qu'en ce lieu tu me vois.
J'ai fait ce que j'ai dû, je fais ce que je dois.
Je sais qu'un père mort t'arme contre mon crime ;
Je ne t'ai pas voulu dérober ta victime :
Immole avec courage au sang qu'il a perdu
Celui qui met sa gloire à l'avoir répandu. »

Corneille, Le Cid, 1637, acte III, scène 4, v. 869-904.

Principales mises en scène

La première représentation d'*Hernani* eut lieu à Paris le 25 février 1830 sur la scène du théâtre de la Comédie-Française. Le rôle-titre était tenu par l'acteur Firmin ; Mlle Mars interprétait doña Sol ; Michelot, don Carlos ; Joanny, don Ruy Gomez.

À cette époque, et jusqu'à la fin du XIXᵉ siècle, le metteur en scène n'existe pas, chaque comédien déclame son texte et suit, la plupart du temps, l'orientation donnée par le comédien qui interprète le rôle principal ou qui a la plus grande notoriété. Dans le cas d'*Hernani*, l'abondance des didascalies donne des indications extrêmement précises, aussi bien sur les décors que sur le jeu des comédiens. Par ailleurs, Victor Hugo suivit assidûment les répétitions et dut parfois défendre son œuvre devant les propositions de modifications (voir l'anecdote sur Mlle Mars, « Genèse de l'œuvre », pp. 39-40).

Le succès du drame romantique se limite essentiellement à la décennie 1830-1840 ; par la suite, la forte concurrence de la comédie et de l'opéra relègue au second plan ce genre dramatique. Cependant, des reprises d'*Hernani* ont lieu à la Comédie-Française en 1838 et 1867. En 1877, une mise en scène grandiose valut un triomphe au drame et aux deux monstres sacrés de l'époque, Mounet-Sully (Hernani) et Sarah Bernhardt (doña Sol).

Le drame romantique tombe en désuétude au XXᵉ siècle ; mais *Hernani* continue d'être joué à la Comédie-Française, notamment en 1930 pour le centenaire de la pièce et en 1952. La mise en scène de Julien Bertheau au théâtre de l'Ambigu (1963) et celle de José Valverde au théâtre Récamier (1977) proposent une image emphatique et pesante du drame hugolien. Au début des années quatre-vingt, Antoine Vitez explore le répertoire hugolien avec deux mises en scène : la première, celle des *Burgraves*, reçoit un accueil plus que réservé ; en revanche, la seconde, celle d'*Hernani* en 1985 au Théâtre national de Chaillot, remporte un succès indéniable grâce à la lecture très personnelle du metteur en scène et l'esthétique impressionnante des décors de Yannis Kokkos : ainsi, dans la scène des portraits (acte III, scène 6), des figures géantes des ancêtres structurent la scène et soulignent le poids du passé et de ses valeurs, tandis que des mains géantes – incarnations métonymiques des figures – se déplacent sur scène pour suggérer l'efficience des forces qui traversent don Ruy Gomez (interprété par Antoine Vitez). Le comédien Aurélien Recoing (Hernani) incarne un personnage déchiré par une lutte intérieure et jouet d'un destin qui le dépasse, tandis que Jany Gastaldi (doña Sol) impose sa sensualité et la fougue d'une jeunesse qui refuse avec énergie une fatalité extérieure.

Jugements et critiques

Les réactions et les manifestations qui accompagnèrent la représentation d'*Hernani* sont souvent comparées à la « querelle du *Cid* » ou à la « bataille des Anciens et des Modernes » ; d'ailleurs, dans la préface de son drame, Victor Hugo suggère cet affrontement : « *Jeunes gens, ayons du courage ! Si rude qu'on veuille nous faire le présent, l'avenir sera beau.* » Si la première représentation fut un triomphe malgré les conditions mouvementées (voir Théophile Gautier, pp. 40-41), les représentations suivantes donnèrent aux partisans du classicisme l'occasion d'imposer leur hostilité à ce nouveau genre, comme le rapporte le texte ci-dessous d'Achille Devéria (1800-1857), illustrateur des œuvres romantiques et ami de Victor Hugo :

« Ce fut dès lors, en effet, la lutte sérieuse. Chaque représentation devint un vacarme effroyable. Les loges ricanaient, les stalles sifflaient ; il fut de mode dans les salons d'aller "rire à *Hernani*". Chacun protestait à sa façon et selon son caractère. Les uns, ne pouvant regarder une pareille pièce, tournaient le dos à la scène ; d'autres, ne pouvant l'entendre, disaient : "Je n'y tiens plus !" et sortaient au milieu d'un acte en jetant la porte de leur loge avec violence ; les natures paisibles se contentaient de constater le manque d'intérêt de ce "drame" en étalant et en lisant leur journal. Mais les vrais partisans du bon goût ne s'en allaient pas, ne lisaient pas et ne tournaient pas le dos, ils avaient les yeux et les oreilles sur la pièce, visaient chaque mot, huant, sifflant, empêchant d'entendre, déconcertant les acteurs. »

La « bataille » se poursuit en dehors du Théâtre-Français ; des critiques anonymes condamnent sans nuance l'œuvre dramatique : « *Ce chef-d'œuvre de l'absurde, rêve d'un cerveau délirant, a obtenu un succès de frénésie…* » (Extrait d'un article du *Drapeau blanc*.) « *Une fable grossière, digne des siècles les plus barbares…* » (Extrait de *La Gazette de France*.) D'autres, tout en affichant leur hostilité, concèdent l'originalité de la pensée :

« Ce n'était rien que le sujet ! C'est le style et les vers qu'il fallait entendre ! Victor Hugo ne dit rien comme un autre. Il lui passe quelquefois de grandes pensées ; mais il les rend, à dessein, d'une manière si ridicule que le rire étouffe immédiatement l'admiration. »

Jean Viennet, *Mémoires*, 26 février 1830.

Mais, dans le même temps, Victor Hugo reçoit l'hommage appuyé de son maître littéraire, Chateaubriand :

« J'ai vu, Monsieur, la première représentation d'*Hernani*. Vous connaissez mon admiration pour vous, ma vanité s'attache à votre lyre, vous savez pourquoi. Je m'en vais, Monsieur, et vous venez. Je me recommande au souvenir de votre muse. Une pieuse gloire doit prier pour les morts. »

Chateaubriand, *Lettre à Victor Hugo*, 28 février 1830.

Moins exaltée, mais tout aussi engagée, la critique littéraire de la fin du XIXᵉ pose un regard négatif sur le drame de Victor Hugo lui reprochant :

– une rhétorique :

« ... où des monologues interminables et invraisemblables nous font regretter les confidents. Ni Hernani, ni don Carlos, ni doña Sol, ni Ruy Blas ne sont des personnages vivants. »

Paul Stapfer, *Racine et Victor Hugo*, 1887.

– son omniprésence :

« ... dans son *Hernani*, c'est Hugo qui parle, lui "toujours, lui partout" ; qui s'éprend non seulement de ses propres idées, mais de ses métaphores, qui s'y complaît, qui les redouble, qui les amplifie, comme il ferait dans une ode ; qui, sans égard à la situation, va toujours jusqu'au bout de ce que lui suggère la fécondité de son invention verbale. »

Ferdinand Brunetière, *Les Époques du théâtre français*, 1892.

La reprise du drame à la Comédie-Française à l'occasion du centenaire de la création donne lieu à un infléchissement des critiques : si l'on note toujours l'absence de psychologie des personnages et l'invraisemblable des situations, on admet aussi la puissance d'évocation du verbe hugolien :

« En dehors de son style prodigieux, *Hernani* est un mélodrame farouche, ou mieux, un vaudeville funèbre : dès que l'un des partenaires tragiques arrive quelque part, tous les autres s'y trouvent mystérieusement réunis, comme des couples dans un hôtel meublé. Ces inexplicables coïncidences forment, au fond, la trame même de la pièce, mais, là-dessus, quel éblouissant manteau de mots ! Il ne faut chercher dans *Hernani* ni vérité psychologique, ni étude de caractère ; chacun s'y efforce de rivaliser en générosité avec autrui et de l'éblouir par sa grandeur d'âme ; ce sont des fanfarons du sublime... La beauté d'Hernani vient de sa jeunesse ; c'est la beauté du diable. Quelle frénésie de vivre ! Quel enthousiasme, et, pourrait-on presque dire, quelle confiance dans le malheur ! »

Edmond Jaloux, revue *Le Temps*, 21 février 1930.

Dès lors, l'étude poétique relègue au second plan la dimension dramatique :

« Nous pouvons prévoir le moment où *Ruy Blas* ne passera pas plus souvent sur l'affiche que *Mérope*, *Hernani* que *Zaïre*. Mais ils sortiront plus souvent des bibliothèques – ce qui prouvera la puissance du style et du vers. Voltaire, dans la tragédie, perd toutes ses qualités d'écrivain ; Hugo les garde ; il reste partout le même artiste, le même poète ; et la beauté du vers peut, quelquefois, suppléer à la vraisemblance morale et à la psychologie. »

André Bellesort, *Victor Hugo. Essai sur son œuvre*, Perrin, 1930.

Si la critique contemporaine constate que les drames de Hugo ne sont presque plus joués, elle accorde une place primordiale à son œuvre théâtrale dans l'analyse de la poétique hugolienne :

« On est tenté de dire : la poésie de Hugo est passionnante, ses romans sont passionnants, ses œuvres critiques et politiques sont passionnantes, laissons donc son théâtre dormir en paix, excusons-le. Mais cela ne serait possible que si ce théâtre représentait chez lui quelque chose de subsidiaire, un détour hors de son chemin fondamental ; or, même l'examen le plus rapide prouve qu'il en va tout autrement : le vers de Hugo vient du théâtre, c'est d'abord dans son théâtre que l'on trouve les figures qui seront superbement organisées dans les grands poèmes, l'organisation des scènes romanesques vient du théâtre, etc. On peut dire que toute l'œuvre de l'exil est la réalisation "éclatée" de ce qui se trouvait auparavant dans son théâtre, et y possédait déjà une efficacité considérable, puisque, si nous étudions l'histoire de la scène française au XIXe siècle, nous sommes bien obligés de constater que le passage de Hugo, les huit pièces produites sous son nom de 1830 à 1843, en est de beaucoup l'événement le plus considérable jusqu'au renouvellement naturaliste de la mise en scène avec Antoine. »

Michel Butor, « Le théâtre de Victor Hugo »,
in *Nouvelle Revue française*, décembre 1964-janvier 1965.

Pour Anne Ubersfeld, spécialiste du théâtre hugolien, *Hernani* dépasse largement le simple cadre littéraire ; son analyse fait écho à la préface de l'œuvre où Hugo définit le romantisme comme « *le libéralisme en littérature* » :

« Bien au-delà d'un conflit de goût et d'habitudes littéraires, il est apparu aux contemporains comme un combat décisif pour la liberté d'expression, origine de l'explosion de juillet 1830 : c'est parce que les ordonnances de Charles X apportaient à la liberté de la presse d'intolérables restrictions que les ouvriers typographes (d'ailleurs poussés par leurs patrons) prirent les armes et jetèrent à bas la dynastie. Le fait même qu'*Hernani* ait provoqué une bataille littéraire est à mettre au compte du même combat.

Par force et sans que personne sans doute l'ait programmé, *Hernani* a cristallisé les espoirs et les fureurs de tous ceux qui honnissaient la branche aînée des Bourbons, la Restauration, la Sainte-Alliance et la défaite française, le refus de la liberté de pensée et de la Révolution de 1789. Les gens ont parfaitement senti que cette pièce sans contenu politique subversif était un plaidoyer pour les forces profondes et cachées de la liberté. D'une certaine façon, *Hernani* n'a pas été une arme, mais il a été un drapeau ; la victoire de juillet a été sa victoire. Ce que réclamait Hugo, les Trois Glorieuses et le peuple-océan l'avaient obtenu. [...] Bataille gagnée par le drame romantique – sinon par le théâtre de Hugo –, gagnée pour l'avenir et la liberté des formes théâtrales. »

Anne Ubersfeld, *Le Roman d'Hernani*, Mercure de France, 1985.

Le metteur en scène Antoine Vitez (voir pp. 256-257) souligne à son tour l'innovation poétique d'*Hernani* :

« L'application par Hugo d'un parler familier sur la grille alexandrine oblige celui qui parle à une expression unique. Cela n'est possible que si l'on respecte le jeu proposé ; surtout celui des enjambements, qu'il *ne faut pas faire*, sous peine de transformer le vers en prose. Détruire le vers détruit le sens. Si l'on ne dit pas les douze syllabes de l'alexandrin racinien, si l'on ne fait pas entendre la rime, on perd ce petit scandale perpétuel des sentiments naturels exprimés dans la forme immuable.

[...] Et quand il décompose le vers alexandrin, c'est évidemment pour le plaisir et la nécessité de la rupture, *la gifle au goût du public* que devaient pratiquer cent ans plus tard les futuristes russes, mais aussi, tout simplement, pour qu'il parle. Il faut le faire parler, comme on dirait lui faire avouer, cracher la vérité, et pour cela il n'est pas de meilleure méthode que le détournement des formes. Plus connue est la forme, et plus fixe, plus sa subversion donne effet de réel bouleversant et inouï. »

Antoine Vitez, préface à l'édition d'*Hernani*,
Le Livre de Poche, 1987.

Stendhal, admirateur de Shakespeare et partisan d'un théâtre nouveau

Au début du XIXe siècle, trois genres dramatiques fournissent l'essentiel de la production théâtrale : les deux premiers, les tragédies néo-classiques, imitées des tragédies de Voltaire, et les comédies bourgeoises, ne font plus guère recette ; en revanche, le mélodrame, au Boulevard, connaît un succès florissant. En réaction aux pesanteurs de la tradition classique, qui empêche toute innovation, et pour soutenir le théâtre de Shakespeare, dont il loue la grande liberté, Stendhal publie en 1823 un manifeste qui constitue un des actes fondateurs du théâtre romantique français :

« Toute la dispute entre Racine et Shakespeare se réduit à savoir si, en observant les deux unités de lieu et de temps, on peut faire des pièces qui intéressent vivement des spectateurs du XIXe siècle, des pièces qui les fassent pleurer et frémir, ou, en d'autres termes, qui leur donnent des plaisirs *dramatiques*, au lieu des plaisirs *épiques* qui nous font courir à la cinquantième représentation du *Paria*[1] ou de *Régulus*[2] .

Je dis que l'observation des deux unités de *lieu* et de *temps* est une habitude française, habitude profondément enracinée, habitude dont nous nous déferons difficilement, parce que Paris est le salon de l'Europe et lui donne le ton ; mais je dis que ces unités ne sont nullement nécessaires à produire l'émotion profonde et le véritable effet dramatique.

Pourquoi exigez-vous, dirai-je aux partisans du *classicisme*, que l'action représentée dans une tragédie ne dure pas plus de vingt-quatre ou de trente-six heures, et que le lieu de la scène ne change pas, ou que du moins, comme le dit Voltaire, les changements de lieu ne s'étendent qu'aux divers appartements d'un palais ?

1. Tragédie de Casimir Delavigne (1793-1843), auteur en vogue à l'époque.
2. Tragédie de Pradon (1632-1698), rival de Racine.

L'académicien. — Parce qu'il n'est pas vraisemblable qu'une action représentée en deux heures de temps comprenne la durée d'une semaine ou d'un mois, ni que, dans l'espace de peu de moments, les acteurs aillent de Venise en Chypre, comme dans l'*Othello* de Shakespeare ; ou d'Écosse à la cour d'Angleterre, comme dans *Macbeth*.

Le romantique. — Non seulement cela est invraisemblable et impossible ; mais il est impossible également que l'action comprenne vingt-quatre ou trente-six heures.

L'académicien. — À Dieu ne plaise que nous ayons l'absurdité de prétendre que la durée fictive de l'action doive correspondre exactement avec le temps matériel employé pour la représentation. C'est alors que les règles seraient de véritables entraves pour le génie. Dans les arts d'imitation, il faut être sévère, mais non pas rigoureux. Le spectateur peut fort bien se figurer que, dans l'intervalle des entractes, il se passe quelques heures, d'autant mieux qu'il est distrait par les symphonies que joue l'orchestre.

Le romantique. — Prenez garde à ce que vous dites, monsieur, vous me donnez un avantage immense ; vous convenez donc que le spectateur peut se figurer qu'il se passe un temps plus considérable que celui pendant lequel il est assis au théâtre. Mais, dites-moi, pourra-t-il se figurer qu'il se passe un temps double du temps réel, triple, quadruple, cent fois plus considérable ? Où nous arrêterons-nous ? »

Stendhal, *Racine et Shakespeare*, 1823-1825.

Le système dramatique de Victor Hugo

La Préface de *Cromwell* constitue sans conteste le manifeste du drame romantique et revendique une nouvelle esthétique fondée sur la dualité, l'antithèse, l'alliance du grotesque et du sublime, la liberté, la totalité, et, en définitive, sur un genre dramatique où les seules règles soient celles des « *lois générales de la nature* ». Cependant, le système dramatique de Victor Hugo n'est pas achevé ; des préfaces ultérieures vont poursuivre et compléter les réflexions du dramaturge, constituant ainsi un véritable art poétique.

La préface d'*Hernani*

Peu développée, elle insiste surtout sur le principe de liberté littéraire et sur la prise de conscience du public :

« Ce n'est pas que ce drame puisse en rien mériter le beau nom d'"art nouveau", de "poésie nouvelle", loin de là ; mais c'est que le principe de la liberté en littérature vient de faire un pas ; c'est qu'un progrès vient de s'accomplir non dans l'art, ce drame est trop peu de chose, mais dans le public ; c'est que, sous ce rapport du moins, une partie des pronostics hasardés plus haut viennent de se réaliser. [...]
Et cette liberté, le public la veut telle qu'elle doit être, se conciliant avec l'ordre, dans l'État, avec l'art, dans la littérature. »

Victor Hugo, préface d'Hernani, 1830.

La préface de *Lucrèce Borgia*

Elle insiste surtout sur la mission morale et édificatrice du drame et de l'auteur ; elle annonce le poète du recueil *Les Rayons et les Ombres* (1840), « *rêveur sacré* » qui dévoile aux peuples « *l'éternelle vérité* » :

« L'auteur de ce drame sait combien c'est une grande et sérieuse chose que le théâtre. Il sait que le drame, sans sortir des limites impartiales de l'art, a une mission nationale, une mission sociale, une mission humaine. Quand il voit chaque soir ce peuple si intelligent et si avancé qui a fait de Paris la cité centrale du progrès s'entasser en foule devant un rideau que sa pensée, à lui chétif poète, va soulever le moment d'après, il sent combien il est peu de chose, lui, devant tant d'attente et de curiosité ; il sent que si son talent n'est rien, il faut que sa probité soit tout ; il s'interroge avec sévérité et recueillement sur la portée philosophique de son œuvre ; car il se sait responsable, et il ne veut pas que cette foule puisse lui demander compte un jour de ce qu'il lui aura enseigné. Le poète aussi a charge d'âmes. Il ne faut pas que la multitude sorte du théâtre sans emporter avec elle quelque moralité austère et profonde. Aussi espère-t-il bien, Dieu aidant, ne développer jamais sur la scène (du moins tant que dureront les temps sérieux où nous sommes) que des choses pleines de leçons et de conseils. Il fera toujours apparaître volontiers le cercueil dans la salle du banquet, la prière des morts à travers les refrains d'orgie, la cagoule à côté du masque. Il laissera quelquefois le carnaval débraillé chanter à tue-tête sur l'avant-scène ; mais il lui criera du fond du théâtre : *Memento quia pulvis es* (Souviens-toi que tu n'es que poussière). Il sait bien que l'art seul, l'art pur, l'art proprement dit, n'exige pas tout cela du poète ; mais il pense qu'au théâtre surtout il ne suffit pas de remplir seulement les conditions de l'art. Et quant aux plaies et aux misères de l'humanité, toutes les fois qu'il les étalera dans le drame, il tâchera de jeter sur ce que ces nudités-là auraient de trop odieux le voile d'une idée consolante et grave. Il ne mettra pas Marion de Lorme sur la scène sans purifier la courtisane avec un peu d'amour ; il donnera à Triboulet le difforme un cœur de père ; il donnera à Lucrèce la monstrueuse des entrailles de mère. Et de cette façon sa conscience se reposera du moins tranquille et sereine sur son œuvre. Le drame qu'il rêve et qu'il tente de réaliser pourra toucher à tout sans se souiller à rien. Faites circuler dans tout une pensée morale et compatissante, et il n'y a plus rien de difforme ni de repoussant. À la chose la plus hideuse mêlez une idée religieuse, elle deviendra sainte et pure. Attachez Dieu au gibet, vous avez la croix. »

Victor Hugo, préface de Lucrèce Borgia, 1833.

La préface de *Ruy Blas*

Ici, Victor Hugo s'interroge sur les publics du théâtre et le plaisir dramatique ; de ce point de vue, il fait du drame la forme aboutie du genre théâtral, la rencontre et la synthèse de la comédie et de la tragédie :

« Trois espèces de spectateurs composent ce qu'on est convenu d'appeler le public : premièrement, les femmes ; deuxièmement, les penseurs ; troisièmement, la foule proprement dite.

Ce que la foule demande presque exclusivement à l'œuvre dramatique, c'est de l'action ; ce que les femmes y veulent avant tout, c'est de la passion ; ce qu'y cherchent plus spécialement les penseurs, ce sont des caractères. Si l'on étudie attentivement ces trois classes de spectateurs, voici ce qu'on remarque : la foule est tellement amoureuse de l'action, qu'au besoin elle fait bon marché des caractères et des passions. Les femmes, que l'action intéresse d'ailleurs, sont si absorbées par les développements de la passion, qu'elles se préoccupent peu du dessin des caractères ; quant aux penseurs, ils ont un tel goût de voir les caractères, c'est-à-dire des hommes, vivre sur la scène, que, tout en accueillant volontiers la passion comme incident naturel dans l'œuvre dramatique, ils en viennent presque à y être importunés par l'action. Cela tient à ce que la foule demande surtout au théâtre des sensations ; la femme, des émotions ; le penseur, des méditations. Tous veulent un plaisir ; mais ceux-ci, le plaisir des yeux ; celles-là, le plaisir du cœur ; les derniers, le plaisir de l'esprit. De là, sur notre scène, trois espèces d'œuvres bien distinctes : l'une vulgaire et inférieure, les deux autres illustres et supérieures, mais qui toutes les trois satisfont un besoin : le mélodrame pour la foule ; pour les femmes, la tragédie qui analyse les passions ; pour les penseurs, la comédie qui peint l'humanité. [...]

Pour tout homme qui fixe un regard sérieux sur les trois sortes de spectateurs dont nous venons de parler, il est évident qu'elles ont toutes les trois raison. Les femmes ont raison de vouloir être émues, les penseurs ont raison de vouloir être enseignés, la foule n'a pas tort de vouloir être amusée. De cette évidence se déduit la loi du drame. En effet, au-delà de cette barrière de feu qu'on appelle la rampe du théâtre, et qui sépare le monde réel du monde idéal, créer et faire vivre, dans les conditions combinées de l'art et de la nature, des caractères, c'est-à-dire, et nous le répétons, des hommes ; dans ces hommes, dans ces caractères, jeter des passions qui développent ceux-ci et modifient ceux-là ; et enfin, du choc de ces caractères et de ces passions avec les grandes lois providentielles, faire sortir la vie humaine, c'est-à-dire les événements grands, petits, douloureux, comiques, terribles, qui contiennent pour le cœur ce plaisir qu'on appelle l'intérêt, et pour l'esprit cette leçon qu'on appelle la morale : tel est le but du drame. On le voit, le drame tient de la tragédie par la peinture des passions, et de la comédie par la peinture des caractères. Le drame est la troisième grande forme de l'art, comprenant, enserrant, et fécondant les deux premières. Corneille et Molière existeraient indépendamment l'un de l'autre, si Shakespeare n'était entre eux, donnant à Corneille la main gauche, à Molière la main droite. De cette façon, les deux électricités opposées de la comédie et de la tragédie se rencontrent, et l'étincelle qui en jaillit, c'est le drame. »

Victor Hugo, préface de *Ruy Blas*, 1838.

Compléments notionnels

Accumulation
Succession de mots pour mettre en valeur une idée (v. 1520).

Alexandrin
Vers de douze syllabes, nommé ainsi par un théoricien du XVe siècle, parce qu'il apparaît pour la première fois au XIIe siècle dans le *Roman d'Alexandre*. L'alexandrin classique est souvent composé de deux hémistiches séparés par une coupure (césure) au milieu du vers, et marqué par quatre accents principaux ; l'alexandrin romantique de Victor Hugo se caractérise par une grande liberté, un effacement fréquent de la césure (v. 153), une abondance d'enjambements (v. 1) et de rejets (v. 2), un éclatement du vers réparti sur plusieurs personnages (v. 19) et un rythme ternaire (v. 681).

Allégorie
Personnification d'une réalité abstraite (v. 1768-1769).

Allitération
Reprise d'un même son consonantique (v. 637).

Anaphore
Figure d'insistance qui consiste à répéter le même mot ou la même formule en début de vers ou en tête de plusieurs membres de phrase (v. 568-570).

Antiphrase
Tour ironique qui consiste à dire le contraire de ce que l'on pense, tout en étant fort bien compris (v. 893-894).

Antithèse
Figure d'opposition qui rapproche deux pensées ou deux expressions contraires pour provoquer un effet de contraste (v. 614).

Aparté
Paroles que le personnage prononce pour lui-même et qui, par convention, ne sont entendues que par les spectateurs (v. 1766-1771).

Assonance
Reprise d'un même son vocalique (v. 1368).

Champ lexical
Ensemble de mots qui développent une même idée, une même notion (par exemple, le champ lexical de la vengeance dans le monologue d'Hernani, acte I, scène 4).

Chiasme
Cette figure d'opposition signale une forte contradiction par une reprise, en ordre inverse, des mêmes éléments syntaxiques ou lexicaux (v. 10).

Didascalie
Indication de jeu ou de décor fournie par l'auteur ; elles sont omniprésentes dans *Hernani*.

Diérèse

Consiste à prononcer deux voyelles consécutives en deux syllabes pour respecter la mesure de l'alexandrin (v. 1028 : « *Vous êtes mon li-on superbe et généreux !* »).

Enjambement

Poursuite d'une phrase d'un vers au vers suivant, ce qui atténue ou supprime la pause à la rime. Ce procédé est fréquent dans *Hernani* (v. 1-2).

Épique

Caractérise la tonalité d'un discours qui exalte le caractère exceptionnel d'événements ou d'exploits accomplis par des héros (par exemple, le discours de don Ruy Gomez lorsqu'il présente ses ancêtres à don Carlos, acte III, scène 6).

Euphémisme

Figure d'atténuation qui permet l'expression amoindrie d'une réalité déplaisante ou violente (par exemple, le sommeil pour la mort, v. 2162).

Grotesque

Genre littéraire où s'expriment l'outrance, la caricature et le goût du bizarre. Principe de la dramaturgie romantique qui préconise le mélange des genres (voir « Sublime »).

Hémistiche

Désigne chacune des deux parties égales d'un alexandrin classique.

Hypallage

Figure de substitution qui attribue à certains mots d'une phrase ce qui convient à d'autres mots de la même phrase (v. 1072).

Hyperbole

Figure d'exagération pour mettre en valeur une idée (v. 918).

Hypotypose

Restitution vivante et expressive d'un moment important (v. 125 à 146).

Lamento

Expression pathétique d'une souffrance morale (v. 217-247).

Lyrique

Caractérise la tonalité d'un discours où s'expriment avec intensité des sentiments intimes ; la présence de nombreuses images, l'exaltation et le rythme de l'alexandrin participent à l'expression des émotions fortes du personnage (par exemple, les duos d'amour : acte I, scène 3 ; acte II, scène 4 ; acte III, scène 4).

Métaphore

Figure d'analogie qui permet par comparaison implicite d'employer un terme à la place d'un autre et créer ainsi une image inattendue (v. 1537).

Métonymie

Figure de substitution qui consiste à remplacer un terme par un autre qui lui est étroitement lié par un rapport logique (contenu/contenant ; cause/effet ; matière/objet : exemple, « *la pourpre* » désigne la couleur du manteau impérial et le pouvoir de celui qui le porte, v. 1712).

Oxymore
Alliance de mots qui associe deux termes antithétiques pour souligner d'une manière poétique une forte contradiction (v. 680).

Pathétique
Caractérise une tonalité exaltée par laquelle s'expriment les sentiments et les souffrances d'un personnage ; cette expression majeure du drame permet de susciter l'émotion du spectateur.

Péripétie
Événement imprévu qui modifie la situation morale ou matérielle des personnages. Elle permet la progression dramatique (les nombreux coups de théâtre qui ponctuent *Hernani* sont des péripéties).

Périphrase
Substitution d'un mot par une expression de même sens (v. 324-325).

Prosopopée
Figure qui consiste à faire parler ou agir une personne absente ou morte, un animal ou une chose personnifiée (v. 1810).

Rejet
Renvoi d'un mot, pour le mettre en valeur, au début du vers suivant bien qu'il soit attaché à la syntaxe du vers précédent (v. 1908).

Schéma actanciel
Définit les personnages comme des forces agissantes, des *actants*, ayant une fonction précise dans le déroulement de l'intrigue : le *sujet*, héros de l'histoire, entreprend une action pour obtenir un *objet* (un personnage, un sentiment, un pouvoir) ; il est aidé par un *adjuvant* et gêné par un *opposant* (personnages, sentiments, objets, forces divines, etc.) ; le *destinateur* commande l'action du sujet et le *destinataire* est le bénéficiaire de l'action.

Stichomythie
Dialogue où l'on se répond vers à vers lors d'un affrontement et qui suggère ainsi la violence du conflit (v. 608-611).

Sublime
Terme d'esthétique qui désigne tout ce qui est le plus élevé et dépasse l'ordinaire, quel que soit le domaine.

Synérèse
Consiste à prononcer en une seule syllabe deux voyelles consécutives ; c'est le contraire de la diérèse (v. 1250 : « *Un duel ! nous ne pouvons, vieillard, combattre ensemble !* »).

Tirade
Longue réplique ininterrompue d'un même personnage. Elles sont nombreuses dans *Hernani*.

Zeugma
Figure de style qui unit un mot à plusieurs termes de nature différente (abstrait, concret) et provoque ainsi un effet de contraste (v. 127).

Bibliographie

Édition

- Victor Hugo, *Théâtre complet*, tome I, édition présentée et annotée par J.-J. Thierry et J. Mélèze, « Bibliothèque de la Pléiade », Gallimard, 1963.
- Victor Hugo, *Hernani*, Le Livre de Poche, LGF, 1987.

Sur le romantisme

- P. Van Tieghem, *Le Romantisme français*, « Que sais-je ? », PUF.
- J.-P. Richard, *Études sur le romantisme*, Seuil, 1970.

Sur le théâtre

- P. Berthier, *Le Théâtre au XIXᵉ*, « Que sais-je ? », PUF.
- M. Corvin, *Dictionnaire encyclopédique du théâtre*, Bordas, 1991.

Sur le drame romantique

- M. Descotes, *Le Drame romantique et ses grands créateurs*, PUF, 1957.
- M. Lioure, *Le Drame*, « U », Armand Colin, 1963.
- J.-J. Roubine, *Introduction aux grandes théories du théâtre*, Bordas, 1990.
- A. Ubersfeld, *Le Drame romantique*, Belin, 1993.

Sur Victor Hugo

- H. Guillemin, *Victor Hugo par lui-même*, Seuil, 1964.
- A. Rosa, *Hugo, l'éclat d'un siècle*, Messidor, 1985.

Sur le théâtre de Hugo

- J. Gaudon, *Hugo dramaturge*, L'Arche, 1955.
- M. Butor, « Le théâtre de Victor Hugo », in *Nouvelle Revue française*, décembre 1964-janvier 1965.
- A. Ubersfeld, *Le Roi et le Bouffon*, Corti, 1974.

Sur *Hernani*

• J. Gaudon, « En marge de la bataille d'*Hernani* », in *Europe*, n° spécial « Hugo », 1985.
• A. Ubersfeld, *Le Roman d'Hernani*, Mercure de France, 1985.

Filmographie

• Pendant la saison 1975-76, Raymond Rouleau réalisa un film à partir des représentations données à la Comédie-Française. Robert Hossein était le metteur en scène ; François Beaulieu incarnait Hernani et Geneviève Casile, doña Sol. Cassette vidéo INA.

Opéra

• En 1844, Giuseppe Verdi composa un opéra, *Ernani*, d'après une traduction. Victor Hugo s'opposa à la représentation de son œuvre dans une langue étrangère. Les noms des personnages furent changés et l'opéra mis en scène en 1846 sous le titre *Il Proscritto*.

CRÉDIT PHOTO : p. 7 Ph. © J.L. Charmet • p. 13 Ph. © Bulloz/T • p. 42 et reprise page 8 : Ph. © Bulloz • p. 59 Ph. © Harlingue-Viollet/T • p. 82 Ph. © M. et B. Enguérand/T • p. 113 Coll.Archives Larbor/T • p. 126 Ph.© M. et B. Enguérand/T • p. 169 Coll.Archives Larbor • p. 217 Ph. © Bernand/T • p. 222 Coll.Archives Larbor/T • p. 223 Coll.Archives Larbor/T.

Direction de la collection : Pascale MAGNI.
Direction artistique : Emmanuelle BRAINE-BONNAIRE.
Responsable de fabrication : Jean-Philippe DORE.

Compogravure : P.P.C. – Impression : MAME. N° 99042002. Dépôt légal : avril 1999. N° de projet 10065566 (I) 15